WOLFGANG BERGMANN

WARUM UNSERE KINDER EIN GLÜCK SIND

SO GELINGT ERZIEHUNG HEUTE

BELTZ

Besuchen Sie uns im Internet:
www.beltz.de

Das Werk und seine Teile sind urheberrechtlich geschützt. Jede Nutzung in anderen als den gesetzlich zugelassenen Fällen bedarf der vorherigen schriftlichen Einwilligung des Verlages. Hinweis zu § 52 a UrhG: Weder das Werk noch seine Teile dürfen ohne eine solche Einwilligung eingescannt und in ein Netzwerk eingestellt werden. Dies gilt auch für Intranets von Schulen und sonstigen Bildungseinrichtungen.

1. Auflage 2009

© 2009 Beltz Verlag, Weinheim und Basel
Umschlaggestaltung: Büro Hamburg, Stefanie Levers
Satz und Herstellung: Nancy Püschel
Druck und Bindung: Druck Partner Rübelmann, Hemsbach
Printed in Germany

ISBN: 978-3-407-85879-5

Inhaltsverzeichnis

Vorwort 8

I. TEIL
Das Leben mit Kindern macht Spaß – das
hätten wir beinahe vergessen 17

Von »Psychenverschmelzung« und der
»Nervenzelle Mensch« 18
Der Erzieher sieht nur sich selbst? 27
Kinder brauchen Liebe, keine Strafen 29
»Strafstehen auf dem Hof« – »Korrekte Lehrer«
und der Wunsch nach mehr Drill 32
Die strafenden Instanzen, wohin führen sie? 36
Auf dem Bahnsteig, frierend, eine Mutter – ein
Beispiel 41

II. TEIL
Wie sich die Familie verändert hat und warum
viele Kinder verwöhnt sind – ein Blick auf die
Ursachen
45

So viele Hoffnungen, so wenig Sicherheit – zur
Familie heute 46
Gott hat es gefügt? 47
Zum Glück gibt es die Kinder 50
Alles für's Kind, und das wird ganz mürrisch dabei 51

Was wird nur aus uns? – Familien in der Globalisierung	57
Immer an Mamas Brust	59

III. TEIL
Wie Kinder keine Tyrannen werden – mit Freude und Gelassenheit wirkungsvoll erziehen 69

»Kommst du?« »Nein, ich will nicht!«	70
Ich will haben, und zwar sofort, aber was ganz anderes!	73
Jeder darf sich danebenbenehmen – aber immer nur einmal!	79
Im hohen Kinderstuhl, mitten im Restaurant, und ganz allein	83
Kluge Mütter sind manchmal eine »liebe, blöde Kuh«	88
Ordnung muss sein – nur eben nicht immer	91
Gute Erziehung hat viele kleine Geheimnisse	94
Die Welt ist anders als die Schule	99
Eltern müssen auch mal den Mund aufmachen	100
Gehorsam aus Liebe	104
Wiesen, Felder und ein kleiner Teich – hier lernten wir Ordnung	111
Zwei Kinder und nur eine Liebe	115
Prügeln und spucken und kratzen – und auf einmal sind alle ganz friedlich	119
Manchmal muss man stören, manchmal sogar zerstören!	131
Erziehung darf nicht »funktionieren«	136

Oh wie schön ist Panama, oder: Wie man mit
  Tricks weiterkommt   138
Zweiter kleiner Trick: Buntstift und Papiere   148
Dritter Trick: Gott sei Dank gibt es Heringsdosen   153
Schon wieder ein Prinzipienreiter! Nichts wie
  weg hier   156
Kinder sind soziale Wesen – wenn wir es ihnen
  nicht austreiben   161

Nachwort
Bloß nicht schon wieder »Nein!«   168

Vorwort

Der kleine Karl schlürft, dass den bedauernswerten Eltern ein Tinnitus droht. Vor allem Suppen entwickeln sich zu einer ernsthaften Bedrohung des abendlichen Familienfriedens. So, und was machen wir nun, wir ratlosen Eltern? Mama hat einen Termin, aber ihr Kleiner will spielen, schließlich ist er erst vier Jahre alt. Mama sagt: »Komm«, Söhnchen sagt: »Gleich« – beide wissen: das kann sich jetzt eine sehr, sehr lange Zeit hinziehen. Wie reagiert eine Mutter in dieser Situation: Schimpfen? Was würde schon dabei herauskommen! Sie würde mit einem völlig verheulten Kind vor der Haustür stehen und der Weg zu ihrem Termin oder zum Einkauf wäre ein kleiner Vorgeschmack der Hölle. Was nun?

Um diese Fragen geht es in meinem Buch – Alltagsfragen der Erziehung. Konflikte wie die beschriebenen und die vielen anderen, die ich im dritten Teil dieses Buches aufgreife, gibt es in jeder Familie. Ob Mutter und Vater die liebevollsten Eltern unter der Sonne sind oder ob sie pedantisch auf Strenge und Ordnung pochen – Trotzanfälle im Supermarkt, am liebsten am Samstagmittag, wenn die Schlange an der Kasse besonders lang ist, passieren beiden.

Nur die Folgen sind höchst unterschiedlich. Denn für all diese Alltagskonflikte gibt es Lösungen, die mit einer *Versöhnung* von Eltern und Kind enden – und manchmal auch richtig Spaß machen. Ich erzähle ein Beispiel dazu gleich zu Beginn des dritten Teils. Wir haben das vor lauter Rufen nach Disziplin und Ordnung in der letzten Zeit ja beinahe vergessen: Man kann auch verständnisvoll auf trotzige

Kinder eingehen, allerdings muss man dabei schon ein wenig einfallsreich sein.

Kinder sind eine Herausforderung, das kann keiner bezweifeln. Aber eben nicht dazu, sich nur von ihnen abzugrenzen, sich ihnen gegenüber durchzusetzen oder ihnen ununterbrochen Grenzen zu zeigen – das kann jeder. Kinder sind vielmehr eine Aufforderung zu liebevollen, einfallsreichen Reaktionen.

Das spiele ich in vielen Kapiteln dieses Buches durch, mal sind sie länger, mal kürzer. Aber sie haben allesamt einen ganz und gar typischen Erziehungskonflikt zum Thema und geben auf jeden eine Antwort: und zwar keine einzige, die mit Steuern, Strafen, Führen, Meckern zu tun hat, was meistens mit Tränen endet.

Dies habe ich nicht ohne Absicht ausgerechnet zum jetzigen Zeitpunkt geschrieben. Wir haben eine merkwürdige Wende in der Erziehung derzeit, ach was, sie begann eigentlich schon vor fünf oder sechs Jahren mit der Super Nanny. Allen Ernstes ließ sie dreijährige Kinder schreiend auf die »stille Treppe« zerren, während die Kamera abwechselnd auf das verzweifelte Kindergesicht und auf das schwitzende Gesicht der autoritären, insgeheim wohl einfach nur verzweifelten Eltern gerichtet war. Erbarmungslos – *beides* war erbarmungslos: Der Vorgang, der mit Erziehung wenig zu tun hatte und oft einer Misshandlung kindlicher Seelen gleichkam und ebenso die Art, wie diese kleine oder große Kinder- und Elterntragödie aufgenommen und einem Millionenpublikum vorgeführt wurde.

Damit fing es an. Inzwischen macht Katharina Saalfrank, die Super Nanny, vieles anders, in einem Fernsehinterview vertrat sie tapfer ihre Meinung, dass Erziehung ganz ohne Strafen auskomme – da hatte sie meinen Respekt. Aber ich fürchte, ein Millionenerfolg waren nur ihre ersten Staffeln, die mit der stillen Treppe, der Dressur statt Erziehung.

Danach kam Bernhard Bueb, ehemaliger Schuldirektor eines Internats, und lobte die »Disziplin«[1] Oder das, was er darunter verstand. Ich komme darauf zurück.

Und zuletzt macht Michael Winterhoff hohe Auflagen mit dem Titel »Warum unsere Kinder Tyrannen werden.«[2] Er will beschreiben und erklären, warum die Kleinen heute so frech und vorlaut sind, warum sie von ihren Eltern nicht zurechtgewiesen werden, warum sich Eltern übermäßig mit ihren Kindern identifizieren und ihnen damit schaden.

Er hat etwas richtig beobachtet. Sicher, er war bei weitem nicht der Erste, ähnliche Beobachtungen finden sich bei Jan Uwe Rogge, bei dem klugen Professor Ahrbeck von der Berliner Humboldt Universität, der zu diesem Thema ein sehr lesbares, sehr vernünftiges Buch »Kinder brauchen Erziehung« viele Jahre vor Winterhoff verfasste. Und auch ich selber habe vor vielen Jahren unter dem Titel »Gute Autorität« für elterliche Autorität, für »guten Gehorsam« geworben – ich erkläre gleich und dann noch genauer im weiteren Verlauf dieses Buches, was ich damit meine. Und in einem weiteren Buch »Das Drama des modernen Kindes« darauf verwiesen, dass viele Kinder in eine Art Beziehungsfalle hineingeführt werden: Sie werden ver-

---

1 Bernhard Bueb: Lob der Disziplin. Eine Streitschrift. Berlin: List 2006
2 Michael Winterhoff: Warum unsere Kinder Tyrannen werden Oder: Die Abschaffung der Kindheit. Gütersloh: Gütersloher Verlagshaus 2008

wöhnt, aber Verwöhnung ist nicht Liebe, manchmal ist sie sogar das Gegenteil.

Die verwöhnten Kleinen kommen mit der Ordnung der Welt und der Menschen nicht zurecht. Sie wollen mit anderen Kindern spielen, aber sie sind ja daran gewöhnt, dass alles nach ihrem kleinen sturen Willen verläuft. Andere Kinder machen das nicht mit, und unser verwöhntes Kleines ist erst irritiert, dann gekränkt, zieht sich vielleicht enttäuscht zurück, manche werden auch rabiat. Jedenfalls verlieren sie etwas, das für Kinder so sehr wichtig ist: Das freie, vergnügte, frohe Spiel mit anderen, aber auch den Konflikt mit anderen Kindern, die Rangelei um dies oder jenes. Kurzum, sie lernen nicht oder nicht ausreichend, soziale Wesen zu werden. Das macht unglücklich.

In den 60er Jahren hat der damals hoch renommierte Psychoanalytiker und Arzt Alexander Mitscherlich ganz ähnlich argumentiert, der Heidelberger Pionier der Familientherapie Helm Stierlin noch ausdrücklicher. Neu ist das alles nicht. Aber es ist schon wahr: Die Unsicherheit moderner Eltern gegenüber ihren Kindern war vielleicht nie so groß wie in der gegenwärtigen Elterngeneration. Bei den professionellen Pädagogen (und Therapeuten und Beratern) sieht es nicht viel besser aus.

Also suchen wir alle nach Rat, Orientierung. Und weil Menschen (fast alle!) nun einmal sind wie sie sind, greifen sie am liebsten zu den einfachsten Lösungen. Nur sind das leider meist die falschen. Zum Beispiel der erneute Ruf nach Disziplin, Ordnung, Autorität und Hierarchie.

Mein Buch widerspricht solcher lieblosen Bequemlichkeit. Es zeigt auf, dass es auch anders geht. »Anders« heißt:

Es geht auch viel freudiger, viel vergnügter, Kinder sind keine Katastrophe, sie sind ein gewaltiges Glück für die Eltern und die Gesellschaft insgesamt.

Zurück zu Michael Winterhoff. Er hat also eine im großen und ganzen richtige Beobachtung angestellt. Seine Darstellung der modernen Kinder hat freilich etwas höchst Einseitiges. Auf vielen Seiten seines Buches wirkt es so, als seien viele von ihnen außer Rand und Band, kleine Tyrannen eben, wie der Titel es nahelegt. Das entspricht selbstverständlich weder statistisch noch in unseren persönlichen Erfahrungen der Realität.

Die BILD-Zeitung stürzte sich auf seine Fallgeschichten, sie witterte zu Recht einen ähnlichen Erfolg wie die Quoten der Super Nanny. Winterhoff selbst wollte aber mehr. Er hat seine Beobachtungen *interpretiert*. Wie seine Analysen im einzelnen aussehen, beschreibe ich beispielhaft an einigen Seiten aus seinem Buch im folgenden Kapitel. Aber mir geht es um etwas anderes.

Mit seiner Interpretation beruft er sich auf sein Wissen als Psychiater, verwendet aber keine Begrifflichkeit aus der psychiatrischen Diagnostik, sondern der Tiefenpsychologie.[3]

---

3   Winterhoff legt im Interview mit Stern online vom 21.5.2008 Wert darauf, kein Pädagoge zu sein. Wenn ich im Folgenden von Disziplinpädagogen oder Gehorsamspädagogen spreche, will ich damit also nur eine Tendenz in unserer Gesellschaft beschreiben, die Winterhoff an einer Stelle seines Buches (Seite 184) folgendermaßen für sich zusammenfasst: Hier schreibt er, dass »kleine Kinder zunächst einmal ein erwachsenes Gegenüber (brauchen), das eine traditionelle, vertikale Denkweise beherzigt und sich darüber im Klaren ist, dass bisweilen negativ besetzte Begriffe wie Autorität und Hierarchie genau die Eckpunkte im Verhalten gegenüber Kindern sind, die diesen die notwendige Struktur und Orientierung geben, um sich in der Welt zurechtzufinden.«

Winterhoffs Interpretationen laufen auf eine einfache Erkenntnis hinaus: Erwachsene müssen – insbesondere kleine – Kinder steuern, führen, maßregeln, sich von ihnen abgrenzen, um nicht von ihnen gesteuert zu werden. Letzteres nennt er an einer Stelle seines Buches »Machtumkehr«.[4] Erwachsene müssen ordnen, lenken – sie müssen sich beständig durchsetzen: »Mütter müssen zur lebenden Schallplatte werden von morgens bis abends. Sonst werden die Nervenzellen nicht trainiert.«[5] In der BILD-Zeitung gibt er zu der Frage, wie man Kinder zum Aufräumen bringt, nur die eine Antwort: das müsse eingeübt werden und zwar »über mehrere Jahre« (bedauernswerte Eltern!) – ich gehe auf all dies detaillierter auf den folgenden Seiten ein.

Allerdings nicht allzu detailreich. Wichtiger sind mir die anderen Kapitel, diejenigen, in denen ich zeigen will, wie einfallsreich und kreativ wir Eltern und Pädagogen auf kindlichen Trotz und kindliche Wut und kindliche Lebensfreude reagieren sollten, wie wir uns vom Lebensmut und der natürlichen »Daseinslust« der Kinder anstecken lassen könnten und dabei etwas ganz wesentliches gewinnen: das Glück der Erziehung. Das ist Empfindsamkeit für die Kleinen, dabei werden wir auch empfindsamer für uns selber und für die ganze Welt, das ist die Wiedergewinnung der Achtsamkeit. (Keiner kann so versunken und nachdenklich auf ein simples Blatt schauen wie ein fünfjähriges Kind und dabei lange, lange verharren. Schauen wir ihnen dabei zu oder nehmen selber ein Blatt in die Hand: Jetzt merken wir, was es da alles zu entdecken gibt! So gewinnen wir die Lie-

---

4 Winterhoff 2008, S. 134
5 stern online, 21.5.2008

be unserer Kinder und damit ein tieferes, beruhigtes und klares Bewusstsein unserer selbst.)

Bin ich also gegen Autorität? Ist dies ein Plädoyer zur Rückkehr in eine weiche Einfühlungspädagogik, wie sie in den siebziger und achtziger Jahren durchaus verbreitet war, zumindest unter Pädagogen? Ach was, keine Spur. Ich habe gegen dieses Tütteln und Überbehüten der Kinder seit vielen Jahren argumentiert, teilweise polemisiert, zuletzt in einem Spiegel-online-Gespräch, in dem ich behaupte, dass wir mit unserer ewigen pädagogisch gut gemeinten Verständnisinnigkeit besonders den kleinen Jungen gewaltig auf die Nerven gehen.

Aber ich teile Winterhoffs Ansichten nicht, seine Analysen halte ich fachlich und psychologiegeschichtlich für unhaltbar. Auch dies führe ich gleich aus, nur soviel vorweg: Die Entwicklung eines Kleinkindes hin zum sozialen Menschen begründet er mit Abgrenzung der Eltern von den kindlichen Bestrebungen, denen es vielmehr gelte, stets etwas entgegenzusetzen. Ich halte es im übrigen auch für pädagogisch restlos verfehlt, die Behauptung aufzustellen, ein Kind sei im Kindergarten dem Pädagogen »unterstellt«[6] – kurzum, seiner Blickweise scheint mir, mehr noch als eine korrekte Begrifflichkeit, das Liebevolle und Versöhnliche zu fehlen.

Trotzdem, nein, ich fürchte, gerade deshalb wurde Winterhoffs Buch ein Bestseller, im Verkaufserfolg ganz ähnlich wie das ehrlich autoritär daherkommene Buch von Bernhard Bueb.

---

6 Winterhoff 2008, S. 122

Das wirft kein gutes Licht auf unsere Erziehungslandschaft. Sie ist kalt geworden. Die beiden Autoren artikulieren nur, was man auf manchen pädagogischen Jahrestagungen auch zu hören bekommt. Auch da ist viel von Konsequenz und Grenzen die Rede – aber man kann lange warten, bis jemand aufsteht und von der natürlichen Lebensfreude der Kinder spricht, ihrem ansteckenden Einfallsreichtum, eben von dem Glück, das sie für uns bedeuten. Gegen diese Erziehungskultur ist dieses Buch gerichtet, weder gegen Herrn Winterhoff noch gegen Herrn Bueb, sie sind nur zwei besonders markante Beispiele einer bestimmten Zeitströmung.

Nun ist leider alles gar nicht so einfach, Kinder sind komplizierte Wesen. Ich sagte eben schon, ich plädiere für Autorität. Ich bin für kindlichen Gehorsam. Die weise Annette von Droste-Hülshoff schrieb: »Gehorsam ist ein Kinderrecht«. Ich stimme ihr zu. Nur verstehe ich unter Gehorsam etwas restlos anderes als Bueb und Co.

Ein Kind muss sich in der Tat »fügen«. Aber was heißt das? Es heißt, ein Kind soll seine Welt, in der es so neu angekommen ist, behutsam und feinfühlig schauen, fühlen und erwerben. Sonst geht alles von Anfang an schief.

Es soll schauen und horchen, es soll sich ganz auf Mamas Gesten und Blicke einstellen. Es soll sich den mütterlichen Augen, ihrem Gesicht, ihrem Geruch und ihren Worten zuordnen. Kurzum, damit das kleine Leben von Anfang an gelingt, muss ein Kind seine unfertigen Sinne hochgradig anspannen – hin zu einem ganz, ganz wichtigen Menschen. Und wer ist in den ersten Lebenswochen und -monaten schon wichtiger als Mama?

Zu all dem muss man die Kleinen aber nicht anhalten, kontrollieren und begrenzen schon mal gar nicht. Sie machen ganz allein fast alles richtig, sie folgen den Gesetzen der Natur und ihrer Seele. Deshalb gehorchen sie, in dem Sinn, den ich eben skizziert habe. Sie hören und lauschen, horchen und greifen und be-greifen. Sie ge-horchen.

Ja, das soll so sein, hat aber nicht das Geringste zu tun mit dem Gehorsam, dem Disziplingeschrei in der modernen Debatte, das sich inzwischen durch fast alle Medien zieht und die Eltern eher verunsichert und in Sackgassen lockt, als dass es ihnen hilft. Auch darüber wollen wir uns also auf den folgenden Seiten verständigen: Was heißt Gehorsam – ganz konkret? Und dann gehen wir im dritten Kapitel dieses Buches die kindlichen Lebensphasen rauf und runter. Wie bewirken wir Gehorsam, ohne dauernd zu kontrollieren, zu schimpfen oder gar zu strafen?

Zwischendurch, das sei noch zum Schluss angemerkt, gehen wir der Frage nach: Ja, woher kommt denn der Hang zur Verwöhnung, aber auch die Depressionsneigung, überhaupt die seelische Not so vieler Kinder? Eine Antwort darauf versuche ich im zweiten Kapitel zu geben, sie ist nicht vollständig, nicht erschöpfend, aber sie befasst sich mit der tatsächlichen Welt der modernen Familien und zeigt auf, wie sie sich im Vergleich zu früheren Generationen verändert hat und welche Folgen dies für das Eltern-Kind-Verhältnis hat.

I. TEIL

Das Leben mit Kindern macht Spaß – das hätten wir beinahe vergessen

Von »Psychenverschmelzung« und der »Nervenzelle Mensch«

Ich greife, fast beliebig, ein Kapitel aus Winterhoffs Buch heraus, um an ihm die sprachliche und intellektuelle Vorgehensweise zu verdeutlichen, mit der er seine Themen angeht.

Winterhoff bringt das Beispiel des 8-jährigen Max (Winterhoff 2008, S. 135 f.), der mit zwölf Monaten bereits verhaltensauffällig war. Er hat, heißt es, die Eltern gebissen und gekratzt, wogegen die sich, was man leicht verstehen kann, zur Wehr setzten, aber ohne Erfolg. Ich will und kann das Verhaltensproblem an dieser Stelle nicht analysieren, dazu müsste ich viel mehr wissen, als Winterhoff mitteilt. Klar ist aber, dass die Tatsache, dass sich die Eltern gegen das Verhalten ihres kleinen Sohnes zur Wehr gesetzt haben, nicht zu einer Reduzierung, sondern zu einer Vermehrung der kindlichen Aggressivität führte. *Wie* die Eltern sich gewehrt haben, darüber verliert der Psychiater kein Wort: Haben sie vielleicht zurückgebissen, dergleichen wird in manchen Beratungsstellen empfohlen! Oder haben sie gestraft und dabei geschlagen? Von Letzterem ist durchaus die Rede.

Im Kindergarten wurde der kleine Max »*als aggressiv erlebt*«. Aber war er das auch? Winterhoff berichtet, dass der Kleine »*über vier Jahre jeden Tag*« am Eingang seines Kindergartens geschrien hat – er wollte nicht in den Kindergarten.

Die Erzieher hatten eine, im Vergleich zu Winterhoff, meiner Ansicht nach differenzierte Interpretation. Sie vermuten, das Kind schreie nach Hilfe, und das war auch so.

Nur hätte jemand helfen müssen, aber wer? Die Erzieherinnen in unseren Horten und Kindergärten sind nicht gut genug informiert. Sie spüren das Richtige, trauen sich aber nicht, daraus pädagogische Folgerungen zu ziehen.

Stattdessen gingen die Eltern zu einer Erziehungsberatungsstelle, dort wurde das Kind, das ganz offenkundig verhaltensgestört war, als unauffällig eingestuft. (In immer mehr Beratungsstellen werden, wie in den kinderpsychiatrischen Praxen, objektive Tests an die Stelle der mitfühlenden Erfahrung gesetzt – so häufen sich Fehleinschätzungen, über die man oft nur staunen kann.)

In der Zwischenzeit habe Max dann immer mehr Probleme bekommen, zum Beispiel mit den Hausaufgaben, die er nicht machte oder vor denen er drei Stunden saß. Die Lehrer klagten, er *»höre nicht«*. Die Eltern taten übrigens genau das, was Bueb und Winterhoff vorschlagen: Sie waren konsequent und streng. Nur: Damit erreichten sie nichts, nicht das Geringste.

Vielmehr suchte Max verstärkt die Auseinandersetzung, und dies permanent.

Außerdem hatte er Schwierigkeiten in der Rechtschreibung, er verdrehte die Buchstaben. Eine Lehrerin vermutete eine Legasthenie oder eine sogenannte Lese-Rechtschreib-Schwäche. Sie hatte wohl recht damit. Frühkindliche Ängste und Desorientierungen in größeren sozialen Gruppen gehen fast immer mit Lernstörungen einher.

Winterhoff vermag diese schwierige Biografie des kleinen Max meiner Ansicht nach nicht zu deuten, obwohl einige »Evidenz«-Diagnosen sehr wohl auf der Hand liegen. Was er stattdessen an unseren Kindern wahrnimmt? Wenn sich nichts ändere, würden sie lauter kleine Tyrannen. Zugleich sieht er in diesem Zusammenhang das Grundübel darin, dass sich die Eltern zu viel gefallen ließen. Nun ist genau dies, wie er ja selber erzählt, bei diesen Eltern ganz und gar nicht der Fall. Eher liegt die Vermutung nahe, dass sie sich ein bisschen übertrieben zur Wehr gesetzt haben, ihr Kind mit zu viel Abgrenzung und viel zu wenig Bindung und Nähe erzogen haben und den Kleinen so immer tiefer in seine Störungen und Probleme hineintrieben.

Winterhoff hat, so mein Eindruck, kein Gespür dafür, es wirkt manchmal so, als habe er seine eigenen Berichte gar nicht genau angeschaut.

Lassen wir dies vorläufig beiseite und wenden uns seinem Versuch zu, das Verwöhnungsverhalten vieler Eltern zu analysieren.

Ich werde im Folgenden nur wenige Seiten des 7. Kapitels *»Dritte Beziehungsstörung: Symbiose – Wenn Eltern ihre Psyche mit der ihres Kindes verschmelzen«* ab der Seite 133 seines Buches aufgreifen und nur aus diesem Kapitel einige Stellen zitieren. Sie sind nicht mutwillig so ausgewählt, dass in ihnen die unglücklichsten Formulierungen, die in jedem Buch passieren können, herausgegriffen werden. Das, was jetzt folgt, ist für das gesamte Winterhoff'sche Denken und Schreiben typisch.

Also die Eltern und ihre Verwöhnung. Winterhoff vermutet als seelische Ursache etwas, das er »Psychenverschmelzung« nennt. Damit will er wohl Eltern umschreiben, die ihre Kinder zum »narzisstischen Objekt« stilisieren und damit viel Unheil anrichten. »Psychenverschmelzung« ist sicher ein sehr ungewöhnlicher – bis dahin unbekannter –

Begriff in der psychotherapeutischen Theoriebildung, aber sei's drum. Immerhin begreift man im Großen und Ganzen, was er damit sagen will.

Von nun an geht's bergab!

Winterhoff, Seite 135: »*Für Kinder hat die Verschmelzung der Psychen zur Folge, dass sie ein menschliches Gegenüber nicht mehr als solches erkennen können, sondern in eine gegenständliche Reaktionsweise verfallen* …« Ich kann mir, offen gesagt, unter einer »gegenständlichen Reaktionsweise« eines Kindes nichts vorstellen – sie wird in weiteren Ausführungen auch nicht recht deutlich. Winterhoff erläutert vielmehr: »*Bildlich gesprochen fehlt diesen Kindern die ›Nervenzelle Mensch‹, es gibt bei ihnen lediglich eine ›Nervenzelle Gegenstand‹*« (S. 136).

Haben Sie es begriffen? Ich nicht. Was nur ist eine »Nervenzelle Mensch« und was eine andere »Nervenzelle Gegenstand«? Und was wäre, wenn es sie denn gäbe, an einer solchen Nervenzelle »bildlich gesprochen«?

Lesen wir weiter!

Kinder, sagt Winterhoff, lernen bereits früh, dass sich um sie herum zahlreiche Gegenstände befinden – was so weit zutrifft! Sie realisieren dabei auch die »*Leblosigkeit der Gegenstände*« (ebd.), indem sie beispielsweise merken, dass man einen Stuhl hin und her rücken kann, und der reagiert nicht, wehrt sich nicht, macht gar nichts. Ganz anders als eine Großmutter, die man nicht hin und her schieben kann. So weit so gut, so weit alles ganz richtig.

Nun folgt wiederum eine erstaunliche entwicklungspsychologische These. Winterhoff fährt nämlich fort, dass die »*›Nervenzelle Gegenstand‹, die durch das angesprochene ständige Training immer weitere Erfahrungen macht* …« schließlich bewirke, dass das Kind auch die Menschen, die um es herum sind, also die Eltern, Großeltern usw. »*über die Nervenzelle Gegenstand definiert*« (ebd.).

Was immer das heißen mag, es hat Folgen. Für das Kind nämlich gibt es, schreibt Winterhoff, »*einen Unterschied zwischen dem Stuhl und einem Menschen, der auf diesem sitzt*« (so weit ja ganz richtig, denkt man, aber dann fährt der Autor, zu allem entschlossen, fort) »*... bis auf weiteres nicht*« (ebd.).

Noch mal, damit wir alle verstehen, wovon offensichtlich die Rede ist. Es gibt zwar einen Unterschied zwischen einem Gegenstand und einem Menschen, beispielsweise dem Stuhl und der Großmutter, die auf diesem Stuhl sitzt, aber diesen Unterschied, so hat Winterhoff beobachtet, gibt es für ein Kind »*bis auf weiteres nicht*«.

Vielleicht liegt es an mir, ich will das nicht ausschließen, aber ich habe in all den vielen, langen Jahren nicht ein einziges Kind angetroffen, das nicht zwischen einem Stuhl und dem Erwachsenen, der auf diesem Stuhl saß, zu unterscheiden wusste. Nun, Winterhoff ist da anders informiert, seine Kinder – das sind natürlich immer nur die mit den »verschmelzenden Eltern« – unterscheiden zwischen Stuhl und Mensch *nicht*.

Angesichts solcher Kühnheit der Gedanken steigt in mir, ich gebe es zu, eine gewisse Spannung auf, wohin uns seine »Analyse« noch führen mag. Also weiterlesen: Er schreibt: Erst, wenn der Erwachsene, der da oben auf dem Stuhl sitzt, dem Kind »*Widerstand entgegensetzt*« (S. 137), wenn er sich also »*seinem kindlichen Narzissmus*« entgegenstellt, erst dann werde dem Kind klar, dass, um im Bild zu bleiben, der Stuhl leblos, die Großmutter hingegen nicht leblos ist.

Winterhoff formuliert seinen Gedanken, der ihm am Herzen zu liegen scheint, gleich mehrmals, zum Beispiel so: »*Das Kind würde durch den Unterschied im Verhalten der sich abgrenzt zeigenden Eltern gegenüber dem leblosen Stuhl den Unterschied zwischen Menschen und Gegenständen kennen lernen*« (S. 137), mit anderen Worten, dass ein Stuhl ein toter Gegenstand und ein Mensch ein lebendiger Mensch ist.

In diesem Punkt lässt er sich, zumindest sehe ich es so, nicht beirren. Wieder ein Zitat: »*Die Eltern lassen sich nicht steuern, der Stuhl sehr wohl. Wenn das Kind diesen Unterschied vergegenwärtigt hat, entsteht in seiner Psyche – bildlich gesprochen – eine neue Nervenzelle, die ›Nervenzelle Mensch‹*« (ebd.). Er meint das wirklich so. Da wehrt sich Mama, wenn ihr Kind unartig ist, und schon verstärkt sich in der Seele des bedauernswerten Kleinen die »Nervenzelle Mensch«!?

Von mir aus wär's damit auch genug, aber er hört ja nicht auf: »*Kinder und Jugendliche, bei denen sich die Nervenzelle Mensch durch das Aufwachsen im Rahmen einer symbiotischen Beziehungsstörung nicht bilden kann, verhalten sich ihrer Umwelt gegenüber grundsätzlich gegenständlich*« (ebd.). (Würde er von autistischen Kindern oder schweren psychotischen Symptomen reden, könnte man aus seinen Sätzen einen Sinn herauslesen, aber er interpretiert ja die Entwicklung ganz durchschnittlicher Kinder.)

Aber der Gedanke ist noch nicht abgeschlossen: »*Sie* (die Kinder, WB) *haben auf allen Gebieten Defizite und sind hochgradig beziehungsgestört*« (das kann man wohl sagen, wenn einer zwischen einem Stuhl und einem Menschen obendrauf nicht unterscheiden kann!), sie sind auch »*arbeitsun-*

fähig, so dass eine Integration in die Gesellschaft schwierig bis unmöglich wird« (ebd.).

Und weiter: »*Die Herausbildung der Nervenzelle Mensch beim heranwachsenden Kind ist der entscheidende Punkt auf dem Weg zum funktionstüchtigen Erwachsenen.*« (ebd.) Zu der reichen Entwicklung eines Kindes hin zum Erwachsenen fällt ihm, zumindest an dieser Stelle, nur ein einziges Adjektiv ein: »funktionstüchtig« – das nur nebenbei.

Wie erklärt sich der Verkaufserfolg solcher Texte? Er erklärt sich dadurch, dass es in Deutschland offenbar eine große Zahl von Menschen gibt, die auf Stichworte wie Kontrolle, Steuerung oder Disziplin bezogen auf Kinder, anspringen wie eine Katze auf einen Fischkopf. Zwischendurch erzählt Winterhoff eine skandalöse Geschichte kindlicher Unarten nach der anderen und bringt es damit, wie Bueb vor ihm, in die BILD-Zeitung.

Wir sind nicht am Ende, Winterhoff hat noch eine Geschichte vorzuweisen. Schuld ist, wie so oft, die Mutter![7]

Es handelt sich um den kleinen Marcel, der beim Klettern auf eine Europalette eines Supermarktes abgerutscht und aus einigen Metern Höhe auf den Boden gefallen war (S. 137 ff.). Marcels Mutter war nun der Ansicht, der Supermarkt habe durch die freie Zugänglichkeit des Geländes seine »Verkehrssicherungspflicht« verletzt, der Supermarkt

---

7 Dieses Muster wiederholt sich offenbar auch in seinem zweiten Buch »Tyrannen müssen nicht sein – Warum Erziehung allein nicht ausreicht – Auswege« (2009), das bei Drucklegung dieses Buches erschienen ist. Angekündigt auf der Titelseite der BILD-Zeitung »Die beste Erziehung für Ihr Kind« am 12. Januar 2009, schildert er dort, umrahmt vom »Dschungelcamp« und einem martialischen Kinderbild, eine »nervlich angeschlagene« Mutter, deren Verhalten daran schuld ist, dass ihr Kind die falschen Schuhe trägt.

war anderer Ansicht, darüber kann man ja streiten. Winterhoff führt dies über anderthalb Seiten aus, das ersparen wir uns. Interessant ist lediglich seine Interpretation.

Natürlich hat in seinem Weltbild der Supermarkt recht und der kleine Marcel nicht (ganz nebenbei: Wo sollen die Kinder denn noch spielen, ein freies, ungefährdetes Spielgelände wird ihnen ja kaum mehr irgendwo zur Verfügung gestellt?). Bleiben wir bei Winterhoff. Die Mutter, erklärt er, habe in einem Zeitungsartikel gesagt, die Türme hätten Marcel zum Klettern verleitet. Damit wird sie wohl recht haben. Dann aber weiter: »*Im Rahmen einer symbiotischen Beziehung zu Marcel nimmt sie* (die Mutter, WB) *diesen* (Marcel, WB) *als eigenen Körperteil wahr, der selbstverständlich nicht absichtlich auf die Kisten geklettert ist...*« (S. 138–139)

Lassen Sie sich Zeit. Lesen Sie den Satz gern noch ein- bis zweimal und stellen Sie sich dann die Sinnfrage! Wie um Himmels willen soll eine Mutter ein ganzes Kind als eigenen Körperteil wahrnehmen? Und zweitens: Wie klettert dann dieser Körperteil auf eine Kiste?

Durchaus möglich, dass diese Mutter ihren Sohn maßlos verwöhnte und allen Unfug, den ein Junge seines Alters so anstellt, nicht nur leugnete, sondern dem jeweiligen Supermarkt oder Lehrer oder sonst wem zum Vorwurf machte. Solche Mütter gibt es, ich kenne mehrere! Aber das hat mit Winterhoffs Diagnose nicht viel gemeinsam.

Ich breche die Wiedergabe der Winterhoff'schen Überlegungen gleich ab. Wie soll man Sätze wie diesen kommentieren: »*Psychische Anteile werden unbewusst aus der Psyche des Kindes herausgenommen und in die erwachsene Psyche eingebaut, ein Vorgang, den man mit Introjektion bezeichnet«.* (S. 139)

Erstens kann man in eine Seele weder etwas rein- noch aus ihr rausnehmen, auch keine »Anteile«. Zweitens, eine »Introjektion« ist für mein Verständnis etwas völlig anderes.

Noch ein Beispiel: *»Weil«*, so Winterhoff, *»kindliche und erwachsene Psyche durch die ›Entnahme‹ von Anteilen eins werden, spreche ich in diesem Zusammenhang von Symbiose, also einer Psychenverschmelzung«*. Und einen Satz weiter: *»Der Erwachsene kann aufgrund der Psychenverschmelzung nicht mehr zwischen sich und dem Kind unterscheiden ...«* (S. 139–140)

Aber, wie soll das denn zugehen? Wie denn sollte ein erwachsener Mensch nicht zwischen sich selbst und seinem Kind unterscheiden können, es sei denn, er befände sich in einer ausgesprochen krisenhaften Phase einer schweren Psychose?

Ganz zum Schluss dieses Abschnitts – ich habe alle Zitate sechs Seiten eines Kapitels entnommen, also keineswegs besonders »komische Stellen« aus einem knapp 200-Seiten-Buch mutwillig herausgesucht –, zum Schluss also kommt Winterhoff offenbar auf Marcels Mutter zurück.

Ihre seelische Verfassung erklärt er allgemein so, dass sie nicht nur ihr Kind *»psychisch genauso verarbeitet, als wenn es sich um einen eigenen Körperteil handeln würde«* (S. 140), sie hat sogar eine *»Verarbeitung des Kindes als Arm, oder, allgemeiner gesprochen, als Körperteil«* durchgemacht (S. 141).

Nun geht es mir, trotz einiger Randbemerkungen, die ich mir nicht ganz verkneifen konnte, nicht darum, einen Au-

tor und Therapeuten bloßzustellen. Es geht um etwas ganz anderes.
1. Ganz offensichtlich hat dieser sozusagen theoretische Textteil mit dem Erfolg des Buches nichts zu tun.
2. Was wir am Beispiel von Winterhoff überdeutlich wahrnehmen müssen, ist dies: In der pädagogischen Kultur, in den öffentlichen Debatten ist zurzeit alles möglich, immer unter einer Voraussetzung: Irgendwo muss davon die Rede sein, dass die modernen Kinder frech, unhöflich, unkonzentriert und überhaupt eine verdorbene Generation sind.
3. Sobald Worte wie Disziplin, steuern, kontrollieren und vergleichbare spießig moralisierende, jeglicher Freiheit eines Kindes misstrauende Formulierungen auftauchen, schweigt jeder kritische Einwand. Grenzen ziehen – jawoll! Disziplin – jawoll!
4. Ich höre keinen Aufschrei der kinderfreundlichen Organisationen, kein Wort vom Kinderschutzbund, nichts von der Gewerkschaft der Lehrer. Nichts und nirgendwo! Und was sich stattdessen breit macht, ich gebe später zwei Beispiele, ist eine zunehmende Kinderfeindlichkeit in unserem Land.

Der Erzieher sieht nur sich selbst?

Auch die Erzieherinnen im Kindergarten und andere Pädagogen kriegen ihr Fett ab. Immer mehr von ihnen, so sagt er, holen sich die Liebe, die sie sonst nicht so recht bekommen, von dem Kind, in das sie sich »projezieren« – auch so ein Lieblingswort des Autors (S. 121). Nun wollen wir hoffen, dass es Kindergärtnerinnen (altmodisches Wort, ich weiß, aber ich mag es nun einmal!) gibt, die die ihnen anvertrauten Kinder wirklich lieben, ich wüsste nicht, was dagegenspräche.

Ich mache sehr oft Weiterbildungen für Erzieherinnen, und dabei fällt mir auf, dass die meisten auf diesen Treffen so gegen 17 Uhr, am Ende eines mit Gedanken oft überfüllten Tages, auf ihren Stühlen hin- und herrutschen. Warum? Sie wollen nach Hause. Sie wollen einen geliebten Menschen treffen, einen Freund die einen, den Ehemann die anderen, den Sohn, die kleine oder große Tochter – nein, ich habe gerade bei diesen liebevollen Pädagoginnen überhaupt nicht das Gefühl, dass es ihnen jenseits ihrer Arbeit mit Kindern an Liebe mangelt. Ganz im Gegenteil.

Winterhoff wird an dieser Stelle ausgesprochen barsch. Er schreibt über solche »Erzieher« mahnend: »*Der Erzieher ... sieht, von der Psyche her betrachtet, nicht das ihm als Pädagogen unterstellte Kind, sondern er sieht letztlich sich selbst*« (S. 122). Sie haben es bemerkt, nicht wahr? Diese Worte verraten den ganzen Dunstkreis dieses Denkens: »*das ihm unterstellte Kind*«. Jeder gute Erzieher, ob Lehrer oder Sozial- oder Sonderpädagoge, weiß um die ganz besondere Eigenart des Verhältnisses zwischen Erzieher und Kind, und eines weiß er auch ganz genau: Das Kind ist ihm nicht unterstellt. Empfände der Erzieher die ihm anvertrauten Kinder als ihm »unterstellte«, dann wäre er ein miserabler Erzieher und sollte die Finger von den ihm »unterstellten« kleinen und großen Kindern lassen.

Winterhoff beklagt, dass der Erwachsene im Rahmen der »Projektion« »*seine Wünsche auf das Kind verlagert*« (S. 139). Aber das ist doch bis zu einem gewissen Grad normales und elterliches Verhalten! Ich freue mich an meinem Kind, deshalb bleibe ich stehen, obwohl ich vielleicht lieber weitergehen würde. Ja, ich empfinde tiefes Vergnügen, wenn die Augen meines Kleinen strahlen, wenn es ein Eis bekommt. Fortwährend »verlagern« Erwachsene ihre Wünsche auf das Kind und nehmen sich zurück. Man nennt so etwas – Elternliebe! Wiederum ist nichts daran riskant oder gefährlich, es ist lebensnotwendig, es ist der Ursprung des Lebens, es ist Liebe. Dass Eltern in ihren Kindern Glück und Zufriedenheit, ja Erfüllung finden, das ist ein uraltes Menschheitsgeschehen. Sonst wären wir längst ausgestorben.

Kinder brauchen Liebe, keine Strafen

Damit sind wir bei Bernhard Bueb, dem zweiten Gehorsamspädagogen, der derzeit Auflage macht. Vor allem sein vor zwei Jahren erschienenes Buch »Lob der Disziplin« verkaufte sich wie warme Semmeln. Dazu ist vonseiten der Wissenschaft, der guten Therapeuten und vieler Lehrer eigentlich alles Nötige gesagt worden. Dennoch müssen wir auf ihn zurückkommen. Bueb ist ein Modellfall, an dem man die Verarmung aufzeigen kann, die die Diskussionen über Erziehung heute prägen.

Es gibt Interviews, die haben den Charakter einer Dokumentation. Ein Gespräch zwischen Bernhard Bueb und drei Redakteuren des Magazins »GEOkompakt« – erschienen 2008 in der Ausgabe »Kindheit«[8] – ist solch ein Dokument. Es zeigt in zugespitzter Weise, wie die pädagogische Dis-

---

8 GEOkompakt Nr. 17. Kindheit. Die wichtigsten Jahre im Leben

kussion gegenwärtig öffentlich verläuft, wie bestimmte pädagogische Allgemeinplätze offensichtlich Konjunktur haben, wenn jemand, aus welchen Gründen auch immer, bekannt ist – eine »Celebrity«, wie es in den Vereinigten Staaten heißt.

Bernhard Bueb wird, nachdem er auf das Thema »Strafen« zu sprechen kam, von einem der GEO-Redakteure gefragt: »*Sie sehen in Strafen einen Liebesbeweis der Eltern an ihre Kinder?*« (S. 149). Nein, die Frage war nicht als Provokation gemeint und hinter ihr stand wohl auch keinerlei Skepsis gegenüber Buebs Befürwortung von Strafen, wie sie im »Lob der Disziplin« zum Ausdruck gebracht wird. Der Redakteur fragte aus unbekümmerter Offenheit und legte Bueb einen Satz in den Mund, den selbst dieser vielleicht so kaum auszusprechen gewagt hätte.

Strafen, die Kindern absichtsvoll kränkend zugefügt werden, sind Ausdruck der Liebe? Was wäre das für eine Kultur, die so über Kinder denkt und so wenig empfindet?

Buebs Buch »Lob der Disziplin« aber steckt voller Sätze, die Strafe verherrlichen – pädagogische Konsequenz vergleichbar der *»Dressur eines Hundes«* (Bueb 2006, S. 27), *»Da ist kurzer Prozess angesagt«* (S. 21), *»Wer gerecht erziehen will, muss bereit sein zu strafen«* (S. 107) – ich mag mich hier nicht wiederholen, mich friert dabei.

Im Gespräch mit den GEO-Redakteuren antwortet Bueb auf die von ihnen gestellte Frage, ob Strafen ein Liebesbeweis sein können: *»In gewisser Weise schon. Aber natürlich sollten Strafen immer nur das letzte Mittel sein, sie erleichtern es Kindern und Erwachsenen, moralisch zu handeln.«*

Buebs Disziplin führt nicht zu mehr – dringend benötigter – Ordnung in den Schulen, nicht zu verinnerlichtem

Respekt und feinfühligerem Sozialgefühl, sondern exakt zum Gegenteil. Das ist inzwischen von Praktikern und Therapeuten unzählige Male gesagt worden. Andere, namhafte Wissenschaftler hielten sich fein zurück. Indiskutabel, sagen sie. Natürlich ist es das! Aber wenn es von Tausenden von Lehrern und wer-weiß-wie-vielen Eltern aufgenommen wird – was hilft uns da das feine abschätzige Gemurmel aus dem Elfenbeinturm?

Ein Kind, das bestraft wird, weint – das ist ein Liebesbeweis? Ein Kind, das bestraft wird, fühlt sich zurückgewiesen, fühlt sich verstoßen von Mama und Papa. Ein Liebeszeichen?

Bei Kleinen ist ihre Selbstliebe auf das Engste verwoben mit der Zuneigung und dem Angeschautwerden von Mama und Papa, später manchmal auch der geliebten Erzieherin oder der Lehrerin. Diese kindliche Selbstliebe wird durch die geringste Abweisung erschüttert, durch jede Kränkung verwirrt und durch wiederholte Strafen in eine Folge von minimalen Traumatisierungen gezerrt.

Die »Konsequenz«, von der Bueb spricht, vergleichbar der »Dressur eines Hundes«, sein Einsatz für Strenge, Härte und Disziplin, bedeutet für mich eine Zerstörung des kindlichen Selbstwertgefühls und der Fähigkeit, in einer sozialen Gemeinschaft Bindung und Halt zu finden. Was das bedeutet, lässt sich bei den »Klassikern« nachlesen – insbesondere bei Pestalozzi, manchmal in eindrucksvollen Sätzen.

»*Werde, der du bist*« – das sei sein Erziehungsprinzip, sagt Bueb und fährt ganz richtig fort: »*Du musst lernen, dich zu akzeptieren mit deinen Licht- und Schattenseiten*«. (GEO, S. 149). Aber wie gehen diese guten Zitate denn einher mit einem Liebesbeweis durch Strafe? Strafe erschreckt, Strafe entwertet, Strafe treibt Tränen eines Kindes hervor. Wie soll ein verängstigtes und gekränktes, ein bestraftes Kind ausgerechnet über Strafen lernen, dass es »werden soll, wie es ist«? Und vom Spannungsverhältnis von »Sein« und »Werden« in der Erziehung natürlich keine Silbe – für solche Feinheiten fehlen die Geduld, die Nachdenklichkeit.

Ach, ich bin es müde. Ich will diese kalten Stimmen nicht mehr hören. Lieber freue ich mich daran, dass ich auf den Straßen, in den Cafés, bei meinen Freunden und auf vielen Vorträgen Eltern und Lehrer antreffe, die von der Ideologie des geduckten Gehorsams nicht beeindruckt sind und ihre Kinder einfach lieben. Ja, es gibt sie, noch sind sie in der Überzahl.

Die Liebe der Eltern ist so rasch nicht zu zerreden, erst recht nicht zu zerstören. Aber Medien haben Einfluss, den Celebrities wird nicht nur in den Vereinigten Staaten, sondern auch bei uns nachgeplappert.

»Strafstehen auf dem Hof« – »Korrekte Lehrer« und der Wunsch nach mehr Drill

Der Zeitschrift »Focus« war es in ihrer Beilage für Nordrhein-Westfalen eine ganze Seite wert: Endlich ein »Anti-Aggressivitäts-Training« für Lehrer, um mit aufmüpfigen Schülern besser klarzukommen.[9] Was war gemeint? Ein cleverer Coach plus Kollegin hatte sich ein Anti-Aggressions-Programm einfallen lassen. Irgendetwas einfallsreich

---

9   Focus 52/2008 vom 20.12. 2008. NRW-Regionalseiten

und einfühlsam daran, irgendwie spurenweise anders als was-weiß-ich-wie-viele Anti-Programme? Nichts. Nur die Strafen fallen rücksichtsloser aus. Ansonsten, wie gesagt, nichts Neues, das hätte die zuständigen Schulbehörden und -verwaltungen ja auch nur verwirrt. Also lieferten die beiden, geschäftstüchtig oder aus purer Einfallsarmut, einen uralten Stiefel an.

Die Coacherin – ich zitiere wörtlich – »*vermittelt ihren Eleven* (den Lehrern, WB) *außerdem, ›schon früh zu intervenieren und konsequent aufzutreten‹. Die 34-jährige Diplompädagogin nennt ein Beispiel: Ein Schüler raucht, obwohl das in der Schule verboten ist. Der Lehrer müsse den renitenten Jugendlichen klar und eindeutig vor die Wahl stellen, im Lehrerzimmer über den Fehltritt zu reden oder die ›Zigarette an Ort und Stelle auszumachen‹.*«

An Schulen herrscht ein Rauchverbot, vernünftigerweise. Wenn ein Schüler trotzdem raucht, wird er aufgefordert, die Zigarette an Ort und Stelle auszumachen. Das versteht sich doch von selbst. Das macht jeder Handwerksmeister, jeder Hausmeister, jeder Vater so. Wieso brauchen diese Lehrer dafür einen Coach?

Wie so oft in der Pädagogik wird mit hochtrabenden Begriffen ohne Inhalt um sich geschmissen. Dieser zum Beispiel lautet: »Deeskalationskonzept«. Der Duisburger Jugendamtsleiter kann angesichts dieser pädagogischen Angeberei vor Freude kaum an sich halten. Die Zahl der Auffälligen sei zurückgegangen, jubelt er. Unterstellen wir, dass das so ist – wäre es ein Wunder? Wenn Jugendliche bislang auf Lehrer trafen, die nicht einmal in der Lage waren, ein simples Rauchverbot durchzusetzen, dann ist alles Neue besser als das, was vorher war.

Man muss sich das auf der Zunge zergehen lassen. An einer Schule herrscht Rauchverbot, das zuständige Kollegium benötigt zwei Coaches, die vermutlich nicht billig sind, um ein schlichtes (vernünftiges) Verbot durchzusetzen – und die Schulbehörde samt Stadtverwaltung ist angesichts solchen pädagogischen Elends nicht entsetzt, sondern entzückt.

»*Duisburg schlägt keiner*« heißt das Deeskalationsprogramm, das klingt verdächtig nach dem Einfall einer Werbeagentur (würde es zutreffen, dass die Stadt auch noch Werbeprofis für viel Geld eingeschaltet hat, wäre der Irrsinn komplett), es soll bis 2011 an allen 170 örtlichen Schulen, von den Förderschulen bis zum Gymnasium, an Lehrer weitergegeben, sozusagen »gecoacht« werden. Außerdem durchlaufen Mitarbeiter der 34 Jugendzentren dasselbe »*Anti-Krawall-Training*«.

Der Coach selber sieht der Entwicklung vergnügt entgegen. Er wolle den »*korrekten*« Lehrer, sagt er. Ihm ist aufgefallen, dass vielen Pädagogen Methoden und Techniken im Umgang mit aggressiven Kindern fehlen. Methoden und Techniken klingt stark, was meint er damit? Zum Beispiel die, einem auf dem Schulhof rauchenden Schüler zu sagen, dass er seine Zigarette aus dem Mund nehmen soll?

Der Coach hat höchst differenzierte Vorstellungen. Wer prügelt, fliegt sofort aus dem Unterricht, sagt er, das ist eine weitere Eskalationsstufe seines Deeskalationsprogramms. Solche Maßnahmen sind bekanntlich pädagogisch höchst problematisch, aber wieso, fragt sich der besorgte Beobachter wiederum, braucht man an Duisburger Schulen dafür auch noch einen Coach? Man fühlt sich fortwährend veralbert.

Der Coach hat ein Talent für eine sehr moderne Ausdrucksweise. Er bringt sein Programm exakt auf den Punkt: Er sagt, er will den Lehrer »*als korrekten Typen*«. Tja, davon haben wir leider schon viel zu viele. Es sind ja eben diese »korrekten Typen«, die sich nicht trauen, bei ernsthaften Rangeleien zwischen Schülern dazwischenzugehen, die unfähig sind, in ihrer Klasse als Autorität aufzutreten, und sich stattdessen auf pubertäre Machtspiele einlassen.

Lauter Selbstverständlichkeiten, dem »Focus« sind sie eine ganze Seite wert. Und warum? Jetzt berühren wir des Pudels Kern. Wir schauen auf die Titelzeile und lesen: »*Strafstehen auf dem Hof*«. Da schlägt das Herz des Untertanen höher. Strafstehen – wann gab's das zuletzt in den Schulen? Das muss doch Jahrzehnte her sein! Wie schön, die alten Zeiten kehren zurück. Nur die »alten Kameraden« nicht, stattdessen junge, clevere Coaches mit ihren neuen Ideen.

Was heißt Strafstehen genau?

Allen Ernstes gehört es, laut »Focus«, zu diesem Deeskalationskonzept, dass ein Schüler, der »*nur eine Minute*« zu spät zum Unterricht erscheine, eine Stunde an einer Tischtennisplatte stehen muss, und zwar »*bei jedem Wetter*«, wie der Rektor betont.

Strafstehen soll also bedeuten, dass der betroffene Schüler bei Wind und Regen »strafsteht«. Abgesehen davon, dass sich darin eine zutiefst reaktionäre Mentalität offenbart, bin ich der Meinung, dass Eltern, deren Kindern solche Maßnahmen zugemutet werden, der sofortige Strafantrag mit juristischer Hilfe angeraten werden sollte. Diesen »korrekten Pädagogen« gehört meiner Meinung nach die

Unterrichtserlaubnis entzogen, sie kennen sich in ihrer Profession so wenig aus wie in den Grundregeln von Anstand und Gesetz.

Die strafenden Instanzen, wohin führen sie?

Anpassung ist ein schwieriger Begriff. Winterhoff und Bueb fordern die Anpassung des Kindes samt seinen vielfältigen lebhaften Bedürftigkeiten an eine vorgegebene Norm der Realität. Sie hantieren dabei mit einem, wie ich meine, unkritischen, eindimensionalen Anpassungsbegriff. Er stammt nicht aus der Psychoanalyse – sie spricht von »Adaption« –, sondern aus der strukturell-funktionalen Soziologie. Dort lautet das gebräuchliche Wort »Adjustment«. Dieser funktionale Begriff missachtet wesentliche Anteile der kindlichen Seele, das organische Substrat des Individuums, ebenso wie die Erscheinungsweisen und Bedürftigkeiten der frühkindlichen Triebe und der sozialen Natur, die im Unbewussten wirksam sind.

»Adjustment« kann an beliebige gesellschaftliche Bedingungen geleistet werden. Adjustment ist Angleichung, ist »Justierung« des individuellen Wesens und damit prinzipiell unkritisch gegenüber den gesellschaftlichen Bedingungsrahmen. In einer totalitären Gesellschaft wird »Adjustment« natürlich mit besonderer Intensität angestrebt und erzwungen, bis hin zur Uniformität der Seelen.

Stanley Milgram hat in den USA ein seinerzeit aufsehenerregendes Experiment ausgetüftelt. In diesem Experiment wird ein grundsätzlicher Konflikt thematisiert. Ein erwachsenes Individuum mit seinen vielfältigen verinnerlichten

Regeln des Sozialen, aber auch Mitleid und Gewissen, wird einer Situation ausgesetzt, in der es mit absolut erscheinenden, technologischen und bürokratischen »Sachgesetzlichkeiten« konfrontiert wird. Versuchspersonen waren zufällig ausgewählte durchschnittlich-unauffällige amerikanische Bürger. Die »Sachgesetzlichkeiten« dieser besonderen, wie es hieß, »wissenschaftlichen Untersuchung« wurden der »Versuchsperson« vorgetragen, und zwar von einem autoritär auftretenden »Leiter« des Experiments. Seine Erscheinung kehrte ebenso wie eine unpersönlich-kalte Kommunikationsweise die sachliche Seite der autoritären Konstellation, die er als personale Autorität verkörperte, hervor. Der anstehende Versuch wird erläutert, dazu gleich mehr, ohne ihr eine moralische Grundlage, eine ethische Begründung mitzuliefern. Das Gesetz des Handelns liegt ausschließlich bei der Autorität, die sich auf Sachgesetzlichkeiten und deren zu befolgende Normen stützt, auf sonst nichts. Das erinnert an Bernhard Buebs Forderung nach »unbedingtem Gehorsam«, Kinder und Jugendliche hätten einer Autorität auch dann zu folgen, wenn diese es nicht wert sei (Bueb 2006, S. 56).

Der autoritativ-sachliche Auftritt des Versuchsleiters duldet also keinerlei Einwände, keine sachlichen, moralische schon gar nicht.

Zur Versuchsanordnung: In den kalten, technokratisch geordneten Räumen, in denen das Experiment stattfand, fühlten sich die ausgewählten freiwilligen Versuchspersonen von Beginn an abhängig, ohnmächtig. Das Auftreten der Autorität verstärkte die persönliche Ohnmacht.

Durch eine Glasscheibe war eine zweite Versuchsperson zu sehen, sie saß auf einem Stuhl, an elektronische Geräte angeschlossen. Die Versuchsanordnung lautete wie folgt: Der elektronisch verkabelten Versuchsperson, so erläuterte der Experimentleiter, würde eine Reihe von Aufgaben gestellt werden, es gehe »wissenschaftlich« darum, die Konzentrationsfähigkeit und die Anpassungsbereitschaft der zweiten Versuchsperson exakt zu erfassen. Sollte diese auf dem Stuhl fixierte zweite Versuchsperson eine Aufgabe nicht korrekt lösen, müsse ihr eine kräftige »Stimulanz« gegeben werden.

Die Strafe erfolge über Stromstöße, die von der Versuchsperson per Knopfdruck ausgeteilt werden, ihre jeweilige Stärke sei auf einer Skala abzulesen. Es wurde ausdrücklich darauf hingewiesen, dass diese Stromstöße schmerzhaft seien, gleichwohl müsse bei mehrfachem Versagen der Person auf dem Stuhl ihre Intensität erhöht werden. Sie reichte, wie auf der erwähnten Skala zu überprüfen, von leichtem Schmerz bis zu letztlich lebensbedrohenden Verletzungen durch Stromstöße.

So fing es an: Die erste Aufgabe, der erste Fehler, der Versuchsleiter nickte mit kalter autoritativer Professionalität der ersten Versuchsperson zu, dem zufällig ausgewählten durchschnittlichen Bürger mit durchschnittlichem Gewissen und durchschnittlicher moralischer Kraft, dieser erteilte einen Stromstoß, der die zweite Versuchsperson, auf ihrem Stuhl fixiert, hinter der Glasscheibe zu einem kleinen Aufschrei veranlasste.

Die nächste Aufgabe – wieder verfehlt. Mit derselben unbeteiligt kühlen Stimme erteilte der Versuchsleiter die Anordnung: Stromstoß erhöhen! Auch dies wurde offenbar von allen zufällig Ausgewählten widerspruchsfrei befolgt.

Erst bei der dritten »Bestrafung«, bei der sich der Delinquent bereits schmerzlich auf dem Stuhl wand und deutliche Anzeichen von Qual erkennen ließ, gab es ein Zögern, aber immer noch wenig Widerspruch. Der Versuchsleiter beharrte auf der Fortsetzung der Strafe, sein Auftreten blieb sachlich kalt – eben »rational«, »Ultima Ratio« –, die seelische Anstrengung, sich gegen den inhumanen »Befehl« zur Wehr zu setzen, trieb bei den Versuchspersonen somatische Reaktionen, Schweißausbrüche, Kreislaufschwankungen, Erbleichen hervor. Gleichwohl war es nur eine geringe Zahl, die sich auch dem allerletzten Befehl widersetzte, die Intensität des Stromstoßes so weit zu erhöhen, dass das Leben des Delinquenten dabei gefährdet sei.

Milgrams Versuch rief vor allem in Deutschland eine intensive Debatte hervor, waren hier doch in experimenteller Anordnung alle charakterlichen Merkmale des sogenannten »autoritären Charakters« wiederzuerkennen, die u. a. Erich Fromm und Theodor Adorno in den 1940er-Jahren aufgezeigt und für die Gefolgschaft in den deutschen Faschismus verantwortlich gemacht hatten. Das Experiment wurde mehrmals wiederholt, auch in Deutschland, die Ergebnisse blieben im Großen und Ganzen dieselben: Individuelle moralische Integrität vermag angesichts eindrucksvoll auftretender Autorität nicht zu bestehen, sie bricht zusammen.

Dieses Experiment war eines der wichtigsten Anstöße dafür, über eine Erziehung ohne Autorität nachzudenken.

Schauen wir noch einmal auf einen Grundzug in Buebs Buch »Lob der Disziplin«. Vorherrschend ist in Form, Sprache und thesenhaftem Inhalt die aufschimmernde Kälte der Autorität. Sie herrscht anonym und an sich, sie ist für die Betroffenen unhinterfragbar. Sie ist vorgegeben. Antidemokratisches Denken, daran gibt es für mich keinen Zweifel. Seltsam, dass es dazu nie einen Kommentar der verantwortlichen Politiker und Aufsichtsbehörden eines demokratischen Schulsystems gegeben hat.

Nicht wörtlich nachzuweisen, aber für empfindsamere Leser vielleicht spürbar, ist Folgendes: Sobald Bueb Strafen beschreibt, findet sich der kantig harte und unerbittliche Charakter wieder, der auch Milgrams Experimentleiter charakterisierte. Bueb spricht von »kurzem Prozess«, er spricht von der ständigen Überwachung von Kindern, er spricht von »Unterordnung« und von »heilender Disziplin«.

Menschen, die glauben, einer inneren Not gehorchen zu müssen, diese prospektiven Täter aus Gehorsamsangst, sind solchen Autoritäts- und Führungssituationen unterlegen – so viel Disziplin und Strafordnung prägten ihr Leben, dass sie völlig unfähig sind, sich der Sachautorität mit weißem Kittel und der dahinterliegenden Autorität im Schatten gesellschaftlicher Institutionen entgegenzustemmen. Es liegt auf der Hand, dass auf der Grundlage solcher Lebenserfahrungen auch das moralische Gefühl Schritt um Schritt verkümmert. Es sind die typischen Befehlsempfänger, denen mit der Moral auch das Mitgefühl verloren geht, ganz langsam, ganz allmählich, fast unauffällig.

Und dies sind meiner Ansicht nach die Folgen der disziplinarischen Kälte, die zunehmend unsere Erziehungslandschaft durchweht: erschrockene und verängstigte Wesen, deren soziales Mitgefühl und deren Bindung an Werte eingeengt werden und schließlich verloren gehen, die in jeder ihrer Lebensregungen ängstlich darauf schauen, ob sie nicht wieder eine von außen gesetzte und strafwürdige Regel übertreten.

Diese Menschen, von denen konsequent Unterordnung verlangt wird, haben eben das verinnerlicht. Jede Lebensregung wurde sofort gehemmt, jede freie triebhafte Lebensäußerung, die ein Mensch benötigt, um zwischen dem Inneren und dem Äußeren eine versöhnte Bindung herzustellen, war immer von dem ängstlichen Blick auf Regeln und Kontrolle gemindert oder erstickt; je verängstigt-kälter ihre Psyche, desto widerstandsloser ihr Gehorsam, jede Begegnung mit einer sachlichen und institutionellen, jedenfalls unhinterfragbaren Autorität zwingt sie in die Knie.

Auf dem Bahnsteig, frierend, eine Mutter – ein Beispiel

So etwas liest man also in der Zeitung, in diesem Fall einen Tag vor Weihnachten im Jahr 2008. Eine Familie, Vater, Mutter und drei Kinder, eines davon vier Jahre alt, fährt frohgemut zur Großmutter oder Großtante, schließlich ist Weihnachten. Zu früh gefreut! Sie haben nicht mit dem Kontrolleifer einer Bahnangestellten gerechnet. Der war Weihnachten egal, das fröhliche Gelächter aus dem Kinderabteil ebenso, die sah nur den Kontrollschein und stellte fest: Die Vierjährige hat keine Fahrkarte. Im Bürokratendeutsch ist das eine »vorsätzliche Beförderungserschleichung«.

Die Frau war derart voller Eifer darüber, einen »Abweichler«, einen, der gegen die Regeln verstößt, erwischt zu haben, dass ihr die elementarsten Grundregeln des Zahlungsverkehrs der Bahn glatt entfallen waren: Vierjährige in Begleitung der Familie bezahlen nicht. Was stört das unsere Frau! Frohes Kinderlachen, damit kann ein autoritätsgebundener Kontrolleur schon mal gar nichts anfangen, sein Leben bewegt sich von Kontrolle zu Kontrolle, und wo ein Verstoß entdeckt wird, da wird er geahndet, bestraft. Sogar dann, wenn es gar kein Verstoß ist.

Nun könnte man meinen, hier handle es sich um einen verdrießlichen oder depressiven oder sonst wie bedauernswerten Menschen, eine Ausnahme eben. Aber davon kann nicht die Rede sein.

Die Kontrolleurin in ihrem Eifer rief die Polizei, die kam auch sofort, zwei Mann hoch. Auch den Polizeibeamten fiel nicht im Traum die Frage ein, ob man unbedingt einen Tag vor Weihnachten wegen der Fahrkarte einer 4-Jährigen einen solchen Aufwand betreiben müsse. Keiner richtete den Blick auf die Kinder, die inzwischen verstört waren, eines begann zu weinen. Die Unruhe und die Sorge der Eltern, die die Ängstlichkeit ihrer Kinder sehr wohl bemerkt hatten, waren den Polizisten ebenso egal. Sie drohten, die ganze Familie sogleich auf das Revier zu schleppen, zwecks Verhör. Kontrolle ist Kontrolle, Befehl ist Befehl, Strafe ist Strafe.

Irgendwann dämmerte der Bahnangestellten, dass die Kleine ganz zu Recht ohne Ticket fuhr, man entschuldigte sich aber nicht, dazu hätte man mindestens einen Schimmer von Herz für das gestörte Weihnachten dieser Familie haben müssen.

Tage später wurde wieder kontrolliert. Dieses Mal stellte man fest, dass eine Mutter irgendeinen Übergang oder eine Nebenstrecke gebucht, jedenfalls nicht absolut normgerecht gezahlt hatte. Sie wurde stracks auf den Bahnsteig verwiesen, um die Karte nachzuzahlen.

Die Mutter hetzte auf den Bahnsteig, wollte die Karte lösen, aber da war der Zeitpunkt der Abfahrt schon erreicht. Auf die Sekunde genau (und das bei der Deutschen Bahn!) fuhr der Zug los, mit erschrockenen Augen sahen die Kinder die Mutter auf dem Bahnsteig zurückbleiben.

Ein paar Wochen zuvor hatten Zugbegleiter zwei 12- und 13-jährige Mädchen ohne gültige Fahrkarten aus ihren Zügen gewiesen. Die eine, die vom Musikunterricht kam und ihre Fahrkarte vergessen hatte, musste mit ihrem Cello fünf Kilometer bis nach Hause laufen. Wäre ihr etwas passiert – egal! Der anderen verwehrte der Schaffner selbst einen kurzen Anruf bei ihrer Mutter von seinem Diensthandy, bevor er das Mädchen 42 Kilometer vor ihrem Heimatbahnhof aussteigen ließ.

Man muss sich das vor Augen halten, der Schaffner, der das Zeichen zur Abfahrt gibt, der Lokomotivführer, der den Vorfall beobachtet hatte, sie alle sahen die hektisch am Zahlapparat hantierende Mutter, nicht eine Sekunde ließen sie ihr, wie aus Bosheit, Zeit – und fuhren los. Und die anderen beiden Kontrolleure werfen zwei junge Mädchen aus dem Zug und schicken sie auf einen Nachhauseweg von bis zu 42 Kilometern. Aber war das wirklich Bosheit? Ich glaube nicht. Nicht einmal das. Es war dieser verteufelte Gehorsam, der alles kalt und eng macht, der sogar die Ängste einer Mutter und das Rufen der Kinder nicht wahrzunehmen vermag.

II. TEIL

Wie sich die Familie verändert hat und warum viele Kinder verwöhnt sind – ein Blick auf die Ursachen

So viele Hoffnungen, so wenig Sicherheit – zur Familie heute

Die moderne Kleinfamilie findet in der sozialen Welt wenig Schutz. Keine moralische soziale Norm stützt sie, kaum ein Verwandtschaftsverbund, der in Krisen einspringt, kaum verlässliche soziale Gemeinschaften, die sich kümmern würden, wenn eine Familie in Not gerät. Familien sind vereinzelte, kleine, störanfällige Einrichtungen geworden. Das hat viele Folgen.

Die erste: Die Familien schließen sich, wie zum Schutz, immer enger zusammen. Familiennachmittage am Sonntag sind in aller Regel »einsame« Veranstaltungen geworden, die Kleinfamilie bleibt unter sich. Den Kindern ist das oft gar nicht recht. So gern sie mit Mama und Papa mal in den Zoo gehen, sie würden hinterher gerne auch noch mit einem Freund spielen – wenn sie denn einen fänden. Kinder haben an Wochenenden Mühe, sich zu verabreden, die Freunde »dürfen nicht«, sie sollen zu Hause bleiben.

Familie wird von Mama oder Papa abgeschirmt. So entsteht eine merkwürdige Distanz zwischen der »Familie hier drinnen« und der »Welt draußen«. Freunde, Berufskollegen, sogar die Verwandtschaft werden dadurch oft fremder, oft werden sie sogar als Störung empfunden. Die Familie »innen« so auszubalancieren, dass möglichst wenig Konflikte, möglichst wenig Streit, möglichst wenig Hoffnungslosigkeit in ihr vorherrschen, erschöpft alle seelischen Kräfte. Was aus der »Welt draußen« kommt, irritiert. Macht unsicher.

Aber so abgeschlossen ist eine Familie nicht. Per Fernseher und Computer fließen ununterbrochen Bilder, Texte,

Informationen und ganz viele Glücksversprechen in den fragilen familiären Innenbereich. Dies allein wäre ein Thema, dem ich sorgfältig nachgehen müsste, es würde aber den Rahmen dieses Buches sprengen.

Moderne Familien sind darüber hinaus Bindungsgemeinschaften, Gefühlsgemeinschaften. Sie sind eng aufeinander bezogen, sozial relativ isoliert, zugleich bis in die Sicherheit des Arbeitsplatzes abhängig von globalen weltwirtschaftlichen Ereignissen, die weder Mann noch Frau abschätzen, schon gar nicht beeinflussen können.

Ist der seelische Innenraum in sich schon fragil genug, kommt eine massive Außenbedrohung nun noch hinzu – aktuell ist sie durch eine internationale Finanzkrise für jeden spürbar.

Umso enger will man sich aneinanderschmiegen, schützen, binden. Aber diese kleine Bindungsgemeinschaft auf engem Raum ist nicht nur von außen, sondern auch von innen – aus den seelischen Verfassungen von Mann und Frau – äußerst gefährdet.

Gott hat es gefügt?

Stichwort Bindungsgemeinschaft. Vor dem Hintergrund einer radikal individualisierenden gesellschaftlichen Kultur sind emotionale Bindungen störungsanfälliger denn je. Frau und Mann sind aufgewachsen in einer egozentrierten Bedürfniskultur:»Erfüllt der ›Partner‹ meine jeweiligen Bedürftigkeiten nicht, dann gibt es im Rahmen dieser egozentrierten Ordnungen eigentlich keinen Grund, dass ich mit ihm zusammenbleibe.« Solche selbstbezogenen Gefühle stören und sprengen bekanntermaßen oft den anfälligen familiären Zusammenhalt.

Zumal Familie ja ganz andere Bedürfnisse erfüllen soll. Dauer und Stabilität erhoffen junge Eheleute sich von ihrem gemeinsamen Leben. Aber dieses Versprechen wird vielfach auf einer unausgereiften, unfertigen seelischen Grundlage gegeben, es gibt so viele auseinandertreibende Ich-Befindlichkeiten und Bedürftigkeiten – wie sollen sie denn fortwährend austariert werden?

Junge Ehepaare spüren diese Ungewissheiten durchaus. Deshalb haben Traditionen wieder Zulauf, das kirchliche Ritual soll festigen, was seelisch so unsicher erscheint. Darum werden die meisten Hochzeiten auch kirchlich geschlossen – »Was Gott gefügt hat, soll der Mensch nicht trennen«, spricht der Pfarrer. Aber die jungen Leute können sich unter dem mystischen Satz einer seelisch-leiblichen Einheit wenig Konkretes vorstellen, und ich habe zumindest in meiner, der evangelischen Kirche, oft den Eindruck: Der Pfarrer weiß auch nicht ganz genau, wovon dieser Satz eigentlich handelt.

Die emotionale Formulierung für Stabilität heißt Treue. Sie scheint bei jungen Menschen wieder einen hohen Wert zu erlangen – aber lebbar ist sie in einer medial stimulierten, hoch individualisierten Kultur kaum. »Ich werde dich immer lieben« war seit je ein gefühlsmäßig überhitzter Satz und entsprach nie der psychischen Realität, aber solche seelischen Unsicherheiten wurden für viele Generationen von sozialer Moral und Kontrolle (und einer gewissensgebundenen Verinnerlichung dieser Normen) gestützt. In Krisenzeiten können solche äußeren Stützen sehr wirksam und erleichternd sein.

Heute gelten Normen, die keinen individualisierenden Charakter haben, nur wenig. »Du liebst mich nicht mehr« heißt zunehmend: »Du erfüllst meine Bedürfnisse nicht.« Und was sind das für Bedürfnisse? Die allermeisten sind von den stilisierten digitalen Bildern aus TV und Computer beeinflusst. Wie sollen sie im Rahmen einer kleinen Familie und mit diesem konkreten, nicht stilisierten, sondern durchschnittlichen Mann oder dieser Frau gelebt werden?

Die medial-digitale Kultur in globalem Zuschnitt hat eine Bedürfniswelt erschaffen, in der sich das egozentrierte »Selbst« eines jungen modernen Menschen in vielfältiger, teils widersprüchlicher Weise spiegelt. Das alles nennt er »Ich«; jedes Glücksversprechen, von den digitalen Frauenbildern in der »Brigitte« bis zu den ebenfalls digitalen Pornobildern auf zahllosen Webseiten, ist dazu geeignet, als »mein Bedürfnis« anerkannt zu werden. Solche zerrissene Bedürftigkeit in einem Selbst (das sich als eine Art »Egoismus fast ohne Ego« darstellt) ist als Grundlage einer Bindungs- und Gefühlsgemeinschaft denkbar ungeeignet. Schon angesichts solcher groben Skizzierungen der psychosozialen Verfassung moderner Familien wundert es, dass überhaupt so viele Beziehungen stabil bleiben oder mindestens aufrechterhalten werden.

Diese vielfältigen Gefährdungen führen zu verschiedenen Reaktionen. Die eine ist das oft genannte und schon angesprochene »Cocooning«, das Ineinanderversponnensein, ein »Glucken«, dessen künstlich selbstbehauptender Charakter in Paartherapien häufig dann erkennbar wird, wenn sich nach Jahren innigen und die Welt ausgrenzenden Zusammenseins bei relativ leichten Störungen eine kaum mehr überwindbare Distanz zwischen Mann und

Frau zeigt. Eine abrupte, oft böse Aggressivität, die in ihrer unversöhnlichen Dynamik auf die Vielzahl verdrängter und abgespaltener Kränkungen verweist. Eine weniger in wechselseitige Bestätigungsszenarien eingebundene Paarbeziehung hätte an jeder einzelnen dieser Frustrationen, die im Verlauf einer Beziehung unvermeidlich sind, nicht scheitern müssen – der suggestiv selbstbehauptende Charakter, von Ängsten durchzogen, macht eine der Vernunft zugängliche Aufarbeitung der Gefühle oft unmöglich.

Zum Glück gibt es die Kinder

Die andere Lösung sind die Kinder.

Kinder sind das einzig mögliche »Dritte«, das über Mann-Ego und Frau-Ego hinausreicht. Kinder rücken damit in einer historisch wohl einzigartigen Weise in das Zentrum der modernen Familie.

Die Kinder sind Bestätigung einer Gemeinsamkeit, die ansonsten in ihrer inneren Dynamik höchst fragil ist. Damit unterliegt die Beziehung zum Kind der Gefahr der »Idealisierung«, die wiederum von der Realität abgegrenzt werden muss. Zugleich ergibt sich bei vielen Eltern dadurch die Tendenz, ihr Kind auf Biegen und Brechen gegen die »böse äußere Welt« zu verteidigen. Die bittern Konflikte zwischen Eltern und Schulen sind ein Beispiel dafür, das jeder kennt (wobei die bürokratische Verfassung deutscher Regelschulen daran ihren erheblichen Anteil hat).

Mein Kind ist etwas Besonderes – würde es nicht reichen, wenn es einfach ein glückliches durchschnittliches Kind wäre? Moderne Kinder werden reihenweise in begabungsfördernde Institutionen geschickt, viele Kindergärten haben allen möglichen Förderkursen ihre Pforten weit geöffnet. Kurzum: Die Kinder werden zum »narzisstischen Objekt« ihrer Eltern. Sie sollen beweisen, wie toll diese selber sind, und damit indirekt klarmachen, wie heil diese (in Wahrheit manchmal recht zerrissene) Familie dasteht. Kinder werden früh in »Begabungsrivalitäten« geschickt, mit zwei oder drei Jahren bereits. Sie lernen Rivalisieren, bevor sie das soziale Miteinander mit anderen Kindern erfahren haben. Eine trübe Kindheit!

Sie werden in vorgeschriebene Lernmuster gedrängt, bevor sie ihren eigenen Charakter von Selbst- und Welterfahrung im komplexen Zusammenfluss erfahren konnten. Kinder stehen unter einem Bestätigungszwang, der ihre seelische Entwicklung im Kleinkindalter auf traumatische Weise stören würde, wenn sie die narzisstisch geprägten Idealisierungen der Eltern nicht früh verinnerlichen würden. Damit haben wir, ohne dies an dieser Stelle en detail ausführen zu wollen, eine der wichtigsten Ursachen für eine ganze Reihe von weitgehenden seelischen und kommunikativen Prägungen und deren Folgen, die gegenwärtig die hoch problematischen Veränderungen moderner Kinder im Vergleich zu früheren Generationen prägen.

Alles für's Kind, und das wird ganz mürrisch dabei

Dazu ein Beispiel: Neben mir im Restaurant eine Familie, junge Eltern, das Kind ist etwa ein Jahr alt und hockt vergnügt quietschend auf seinem hohen Kinderstuhl. Die Eltern sind um das Kleine bemüht, eigentlich ein schönes

Bild. Beide beugen sich immer wieder zu ihm herüber, Mama zupft hier und da ein Lätzchen oder einen Kragen zurecht, Papa kaspert mit einem Spielzeugauto auf dem Tisch herum und versucht das Interesse seines Kindes auf sich zu ziehen. Was befremdet trotzdem an diesem recht erbaulichen Bild?

Ich brauche eine Weile, bis es mir auffällt: Die beiden schauen sich nie an. Nicht ein einziges Mal hat sich ihr Blick, eifrig zu dem Kind hingebeugt, bewusst berührt; war das Anschauen unvermeidlich, wirkten die Blicke beider eher gleichgültig, ganz auf das Kind gepolt. Das Kleine steht im Mittelpunkt, bei jeder geringsten Äußerung, dem kleinsten Strampeln oder Mäkeln wird es von einem der Eltern hochgenommen oder ihm wird Essbares in den Mund geschoben oder Papa kaspert. Währenddessen scheint es so, als seien der Mann für die Frau und die Frau für den Mann beinahe abwesend.

Für das Kind ist diese »Überfokussierung« nicht gut: Nicht eine Bewegung, nicht ein Geräusch kann es unbeobachtet von sich geben, kann nicht sich selber und seinen vergnügten und missmutigen Lauten nachlauschen, um mit sich und seinen Äußerungen vertraut zu werden – viel zu schnell wird ihm die »Interpretation« seines Befindlichkeitssignals von Mama oder Papa abgenommen: durch eifriges Reagieren, meist von beiden gleichzeitig. Das Kleine verzieht das Mündchen – was will es damit bedeuten? Ein Fläschchen wird beschwichtigend in den Mund geschoben, Papa macht laut »brumm ... brumm«.

Vermutlich wusste das etwa einjährige Kind selber nicht, was es mit diesem oder jenem Laut, diesem oder jenem heftigen Körpersignal oder mit seinen fuchtelnden kleinen

Händen zum Ausdruck bringen wollte. Kinder lernen aus ihren eigenen Körpergesten und Sprachlauten sich selber zu entziffern, aber schon wissen die Eltern vor ihm Bescheid und reagieren – wenn es das Wort denn gäbe – »überfeinfühlig«. Immer in Hast, immer ausgleichend, beschwichtigend. Die Kanten seiner Emotionen, Tiefe und Höhe seiner Freude und seines Missmutes lernt das Kind nur abgemildert kennen. Mama war immer schon vorher da.

Überversorgt gluckst das Kleine, wird fahrig, irgendwann beginnt es zu weinen und die Eltern schauen einander an, ratlos, ein wenig hilfesuchend und einer gegen den anderen untergründig vorwurfsvoll (»Was hast du wieder falsch gemacht«).

Der elterlichen Fürsorge ist die Angst davor anzumerken, dass die Bindung zum Kind und damit die Bindung der kleinen Gemeinschaft insgesamt, gestört und ver-stört sein könnte. Sie haben in ihrer familiären Gemeinsamkeit keinen anderen unbezweifelbaren Halt als das Kind. Es ist die Basis ihrer geringfügigen Kontakte, ihrer schwachen wechselhaften Gefühle, Grundlage allen Kommunizierens und Sprechens.

Und so werden auch erwachsene Wünsche immer wieder mit dem scheinbaren und gewünschten Wohlergehen des Kindes verknüpft: Ist ein Einkaufsbummel gut für das Kind, brauchen wir ein Auto, das kindgerecht ist, dürfen wir miteinander schlafen, solange das Kind im elterlichen Schlafzimmer ist – solche Fragen werden in Frauenmagazinen mit großem Ernst gestellt und beantwortet. Im Spiegel seines vermuteten Wohlergehens wird das gesamte Eheleben in Bezug auf das Kind durchforscht und eingerichtet.

Den Eltern in solchen kollusiven Familien fehlt ein gutes

Stück Autonomie. Zu viele Bedürftigkeiten sind offenkundig aufgegeben worden – für das Kind! – und viel zu viele wurden nie gelebt, mindestens nicht ganz zu Ende erlebt. Niemals sind diese jungen Paare ganz und gar ausgefüllt mit ihren eigenen erwachsenen Wünschen und Begierden und Befriedigungen. Überall wartet – und lauert! – das Kind, wie ein Menetekel. Alles wird vom Kind mit seiner lauten Präsenz zur Seite gerückt, und beide Elternteile haben ihm offenbar bereitwillig nachgegeben.

Ja, das Kind ist unser Band, dann erst kommen die Gefühle, die wir zueinander haben oder mindestens hatten. Das Kind erst integriert die Individualisierungsbestrebungen der Eltern, die sich mit dem Charakter einer Paarbeziehung und einer Familie stets reiben, in ein familiäres Ganzes. So wird das je Individuelle zur Seite geschoben, denn es gefährdet die fragile Gemeinschaft ja nur, und irgendwann zählt zuerst das Kind, dann die Sorgen um das Kind, dann seine Zukunft. Ganz zuletzt erst sind der Vater als Mann und die Mutter als Frau gemeint.

Nein, für ein Kind ist das nicht gut. Kaum ist es groß genug, einen Kindergarten zu besuchen und in Kontakt mit anderen Kindern zu treten – ein gewaltiges Abenteuer, in dem sich das kleine Selbst ausweitet –, lauert sein Scheitern an der Realität um es herum. Denn auf die Begegnung mit anderen, die auch einen eigenen Willen haben, mit anderen Eigenarten, darauf sind solche verwöhnten Kinder nicht eingestellt. Verwöhnung ist freilich ein unglückliches Wort – sie sind viel zu lange vom freien, freudigen Leben mit Widerständen und Niederlagen und den sie so begeisternden Erfolgserlebnissen ferngehalten worden. Das hat sie geschwächt.

Und kaum beginnt es jetzt sein eigenes soziales Leben, da drängen sich Mama und Papa schon wieder auf. Ohne ihr Kind sind sie ja fast haltlos, weitgehend bindungsleer. Ihr um das Kind kreisendes Familienleben darf auf keinen Fall zu kurz kommen!

Die Lern- und Förderpädagogik, die heute schon die Kindergärten der Kleinsten durchzieht, tut ein Weiteres: Wächst mein Kind schnell genug heran? Bewegt es sich feinmotorisch korrekt? Nimmt seine Sprachentwicklung einen normalen Verlauf? Zahllos und unendlich sind die Sorgen der Eltern, aber schauen wir nur hin: »Ist nicht oft eine merkwürdig verbissene Eigensucht dabei? Ist mein Kind vielleicht hochbegabt?«, wird ein Familientherapeut oder Lernberater mindestens einmal in der Woche von Eltern befragt. Der Kleine ist vielleicht neun, ein kleiner Rabauke, nicht besonders helle, aber nett, beißt und kneift und richtet sich nach nichts und niemandem auf der Welt – hochbegabt? Oft reichen ein knapper Blick und ein paar Sätze, und man darf sich beruhigt den Eltern zuwenden: »Ach nein, hochbegabt ist Ihr Kind nicht, da müssen Sie sich keine Sorgen machen!«

Zum permanenten Rivalisieren der Mütter mit anderen Müttern, der Väter untereinander und schließlich auch der Kinder untereinander ist es danach nur noch ein winziger Schritt: »Schau nur, Margo schreibt schon das F, warum du erst das B, und warum so unbeholfen. Schau doch nur, der kleine Robert ist auch schon beim F, und er ist doch drei Monate jünger als du!«

Die Kinder haben eine eigene Sozialität noch gar nicht entfaltet, ihr erwachendes Ich mit Sprache und Berührung, mit Zuneigung und Streit noch gar nicht erworben, da werden sie bereits um Stützung des schwachen Elternselbst ersucht. Sie rivalisieren also, bemühen sich und haben kaum eine Chance, ihre Entwicklungen und ihren Eifer auf frohe Kindergemeinsamkeiten zu beziehen. In dieser Rivalität werden sie seelisch so einsam wie Mama und Papa.

»Little Giants« heißt die derzeit erfolgreichste Gründung von privaten Kindergärten, sie sind überlaufen und ein erstklassiges Geschäft. Reihenweise werden Kleinkinder Therapeuten oder Psychiatern vorgestellt, um sie anhand einer Normtabelle kindlicher Entwicklungen zu überprüfen, ihre seelische Stabilität zu messen, ihre Begabungen gezielt auf Förderung einstellen zu lassen. In privaten Kindergärten lernen Zweieinhalbjährige Chinesisch, denn sie sollen doch dem globalen Marktgeschehen gewachsen sein. Die neurobiologische Kaffeesatzleserei von »Zeitfenstern«, die sich öffnen und schließen, versetzen Eltern in Panik: Was, wenn wir eines der Fenster versäumen? Nichts davon ist sinnvoll, nichts fördert, das Gerede von solchen »Zeitfenstern« ist der Realität so nahe wie ein Voodoo-Zauber.

So vergleichen sie ihre Kinder und die Kinder sich untereinander von Begabung und Lernfortschritt bis zur Kleidung, sogar ein Wettstreit um das am gesündesten ernährte Kind ist in Kindergärten zu beobachten. Die Schwächen des elterlichen Selbstbewusstseins schlagen manchmal unfassbare Kapriolen. Jeder Familientherapeut kann davon und von den unheilvollen Folgen berichten – von den frühkindlichen Ängsten, die nie und erst recht nicht durch eine viel zu früh geförderte, weitgehend nur technisch gelernte Sprache besänftigt aufgefangen wurden; von ungelenken Körperbewegungen, die keine ordentlichen (und trotzdem vorsichtigen) Raufereien und anschließendes »Sichvertragen«, keine körperlich empfundenen Niederlagen und Siege mehr zulassen – von all den vielen Verlusten, die Kinder schon früh erfahren und erleiden. Mit Disziplinlosigkeit und Mangel an Kontrolle haben sie alle überhaupt nichts zu tun. Die Ursachen sind komplex, ich kann sie nur andeuten.

Was wird nur aus uns? – Familien in der Globalisierung

Abstiegsängste intensivieren diese im isolierten Charakter der modernen Kleinfamilien begründete Neigung zu Unsicherheit, Unruhe und Selbstentwertung der Kinder ebenso wie der Eltern. Die moderne Familie ist angesichts ihrer Isolation in hohem Maße abhängig von äußeren Einflüssen, denen der Schule und des »Ansehens« der Kinder, denen der medialen Botschaften, die alle verdrängten und unmöglich gewordenen Wünsche in perfektionierter Bildgestalt in die Wohnzimmer tragen. Und schließlich vom globalen Wirken des Internet, das die Finanzmärkte zusammenschließt, ihre Dynamik explosiv steigert und diese widerspruchsreiche Dynamik mit dem Schicksal von Unternehmen verbindet und bis in das private Schicksal von Familien hineindrängt. Kaum mehr beziehen sich die Strategien auf den Börsenmärkten auf konkrete Produktionsbedingungen, reale Produktivkräfte und ihre regionalen Umgebungen, sondern sie bewegen sich – im digitalen Datenraum unendlich beschleunigt – in zuvor nie gekannter Verknüpfung unter- und ineinander. »Geld heckt Geld«, prognostizierte schon Marx eine späte Entwicklung des Kapitalismus.

Die Unwägbarkeiten der Finanzmärkte schlagen unmittelbar auf die beruflichen und sozialen Verhältnisse durch. Ob ein gut ausgebildeter Diplom-Ingenieur oder ein treufleißiger Arbeiter am nächsten Tag noch seinen Arbeitsplatz, seinen Lebensstandard behält oder verliert, entscheidet sich unabhängig von seinem Fleiß, seiner Bildung, seiner Bindung an Arbeit und Unternehmen über anonymisierte Vorgänge auf den Finanzmärkten. Die roten und schwarzen Zahlen der Firmenbilanz sagen nichts mehr aus über die Sicherheit des Arbeitsplatzes und den damit verbundenen sozialen Standard der Familien. Eine nicht erwartete Strategie an den Börsen, und innerhalb eines Jahres stürzt eine Familie vom gehobenen Mittelstand in die Abhängigkeit staatlicher Unterstützung, die die Drohung des weiteren Abstieges in sich trägt.

Auch solche Ängste, denen durch das eigene Handeln nicht zu begegnen ist, prägen den familiären Innenraum. Zum einen verstärken sie die Neigung, sich in das Familien-»Innen« zurückzuziehen und alles soziale »Außen« als prinzipiell feindlich anzusehen. Zugleich vermehren sie die skizzierten inneren Dynamiken einer Familie. Alles wird jetzt auf das Kind gesetzt, sogar die Absicherung gegenüber den Bedrohlichkeiten der Zukunft – auch deshalb werden die Kinder in unsinnige Förderungen getrieben, in skurrile Bildungskonzepte gezwängt und von Mutter und Vater unaufhörlich »motiviert«, bis das Kinderleben sich selber ganz fremd geworden ist.

Das Kind vertritt auch hier die Beschwichtigung elterlicher Ängste, in ihm realisieren Eltern gleichsam symbolisch die Bewältigung anonymer sozialer Bedrohungen. Die Ordnungen des Mütterlichen und des Väterlichen treten im

Bewusstsein des Kindes zurück. Sie versprechen keinerlei Gewissheit und kaum Geborgenheit, die Normvorstellungen der Eltern entsprechen nicht mehr dem instabilen Charakter der modernen Weltwirtschaft oder könnten jeden Tag an deren Unberechenbarkeit scheitern. Die Eltern sind ratlos. Ihre Kinder atmen diese Bedeutungsarmut ein.

Manche von ihnen reißen sich früher, als es ihrer seelischen Verfassung entspricht, vom familiären Milieu los, ihre Gleichaltrigen-Gemeinschaften aber sind geprägt von demselben Geist, an dem ihre Eltern scheiterten – vulgäre und perfekte Glücksversprechen, individualisierte Wünsche, die in merkwürdiger Umkehrung eine Vereinheitlichung quer über dem Globus durchlaufen, Abhängigkeiten vielfältiger Art bei gleichzeitiger hoher Leistungserwartung und Erfolgserwartung – an denen viel zu viele junge Menschen schon in der frühen Pubertät scheitern. Auf diese paradoxe Weise vollziehen sie zuletzt doch – wie es Generationen vor ihnen auch schon taten – das Schicksal ihrer Eltern nach.

Immer an Mamas Brust

Zur Abgrenzung der Familie von der Außenwelt ein »Fall«, wie ich ihn ähnlich bereits in meinem Buch »Das Drama des modernen Kindes«[10] geschildert habe.

Zu mir kamen der kleine Kurt, etwa 9 Jahre alt, und seine leicht übergewichtige Mutter. Diese Frau war, wie man

---

10 Wolfgang Bergmann: Das Drama des modernen Kindes. Weinheim und Basel: Beltz 2006

auf den ersten Blick erkennen konnte, eine sehr weiche Frau. Sie hatte diese besondere Sensibilität, die viele dicke Menschen haben. Solche Menschen sind oft von einer etwas sentimentalen lebenspraktischen Hilfsbereitschaft. Sie sind aber auch sehr kränkbar, leicht verletzt, ziehen sich in sich zurück, wenn sie sich von der Welt überfordert fühlen. Solche Menschen brauchen enge Bindungen und suchen sie bei ihren Kindern. So war es auch mit Kurt und seiner Mutter.

Kurt hatte in seinem kleinen Leben eigentlich nichts anderes an Gefühlen (erst recht an Herausforderungen und Auseinandersetzungen mit der Welt) kennengelernt als Harmoniebedürftigkeit und Ängstlichkeit. Beides ist für einen kleinen Jungen gar nicht gut. In gewisser Weise war er bis an den Rand seiner kindlichen Psyche besetzt mit Angst. »Besetzt« ist ein zutreffendes Wort, die Angst war wie eine Besetzung seiner sonst heiteren, vertrauensvollen Seele. Denn eigentlich war die Welt für den kleinen Kurt in Ordnung, solange Mama in der Nähe war und Harmonie ausstrahlte, solange die Welt draußen die beiden nicht kränkte und ihre Bindungsinnigkeit störte. Dagegen aber mussten sie sich wehren. Deswegen mauerten sie sich geradezu ein oder, besser gesagt, die Angst mauerte sie ein, die Angst davor, dass sie beide – Kurt ebenso wie seine Mutter – in sich nur wenig Halt finden würden, wenn die Realität in herausfordernder oder gar bösartiger oder störender Weise in ihre Harmonie eindringen würde.

Angst braucht Bilder. Solche Bilder sind fast immer sehr aggressiv. Angst und Aggression sind zwei Seiten derselben Medaille. Der kleine Kurt hatte seine Angstbilder in sich aufgestaut, er durfte ja die *Harmonie* nicht stören, und

in der Schule versuchte er auch, seiner Mutter keinen Kummer zu machen. Manchmal malte er grässlich verzerrte Bilder, darüber hatte sich eine Lehrerin einmal erschrocken geäußert. Aber dann war man mit beruhigenden und besänftigenden Bemerkungen zum Alltag zurückgekehrt. Nun ja, so sind kleine Jungen eben, manchmal haben sie die furchtbarsten Fantasien. Eine weibliche Lehrperson fügte hinzu: »*Im Kern sind sie eben alle kleine Krieger.*«
Das traf für den kleinen Kurt nun überhaupt nicht zu. Er war kein Krieger, er war ein Deserteur. Er floh vor der Realität, und er floh immer hin zu Mama. Mama war der Gegenpol, Mama war das, was die Realität niemals sein konnte: Harmonie und Schutz. Aber Mama war gleichzeitig auch die Ursache seiner Ängstlichkeit. Mama war seine Burg, in dieser Burg hockte er wie ein Gefangener.

Und nun passierte noch etwas. Die inneren aggressiven Bilder, die Kurt nur ganz verstohlen, aber seit einiger Zeit immer häufiger auf Papier kritzelte, waren gleichzeitig ein Stück *Gegenwelt zu Mama*. Auch Gegenwelt zur Realität, das verstand sich ja von selber. Aber eben auch eine Gegenwelt zu Mama, und das war für Kurt eine ganz erstaunliche Entdeckung. Er suchte in sich selber und in seinem Leben, in seinen Fantasien und in seinen Tagträumen eine Erlebniswelt, in der nicht immer nur Mama dominierte und in der es mehr gab als immer nur Harmonie. Er war schließlich ein kleiner Junge, der auch raufen will, der auch mal wütend sein will, der mal losbrüllen will, mal vor Freude und mal vor Wut. Das alles durfte er nicht, all diese Antriebe flossen in seine aggressiven Bilder, all diese kleine jungenhafte seelische Dynamik wurde jetzt ins Destruktive verzerrt.

So seltsam es klingen mag: Seine destruktiven Innenbilder schützten ihn vor Mama. Sie waren ein Stück Entwicklung für ihn. Insofern ein Stück Freiheit. Aber es war natürlich eine fatale Freiheit, weil er sie ja mit niemandem teilen konnte. Mit Mama schon gar nicht, aber mit den Spielkameraden eigentlich auch nicht. Realität war ihm immer noch unheimlich, andere Kinder hielt er lieber auf Distanz, er fühlte sich ihnen noch nicht gewachsen, er war ja so ängstlich.

Gelegentlich zeigte er ihnen solche Bilder, und sie zeigten ihm auf ihren Handys Hinrichtungen, Folter und andere Gräuelbilder, die sie aus dem Internet heruntergeladen hatten. In diesen Momenten einer wuchtigen Destruktivität entstand fast so etwas wie Kommunikation. Der kleine Kurt war in eine Falle gerannt. Er kam von seiner ungelebten, nur in Träumen und Zeichnungen aufbewahrten Aggressivität nicht los, er kam auch von Mama nicht los und von seiner Angst auch nicht.

Wir finden hier einige Motive wieder, die Winterhoff ganz zu Recht beschreibt, so wie Jesper Juul oder Stierlin oder Mitscherlich vor ihm, auch meine ähnliche Geschichte wurde ja schon vor ungefähr acht Jahren geschrieben. Die missglückte Ablösung von der Mutter, dieses, wie die Amerikaner eine Zeit lang sagten, »Cocooning«, hatte den kleinen Kurt in eine seelische Sackgasse geführt. Aus eigener Kraft kam er nicht heraus.

Natürlich liebte er seine Mama. Erstens deshalb, weil er ein kleiner Junge war und kleine Jungen ihre Mütter immer lieben. Und zweitens, weil die Mutter mit ihrem gewaltigen mütterlichen Leib eine Art weicher, warmer

Schutzwall für ihn gegen die übrige Welt war, an dem er sich kuscheln und bergen konnte. So zog er manchmal, berichtete die Mutter auf meine Fragen, die Beine bis ans Kinn und steckte noch als 5-Jähriger den Daumen in den Mund. Dann sah er fast aus wie ein kleiner Fötus, fast noch seelenlos, der den Übergang zur Welt noch nicht geschafft hat. Der noch gar nicht ein eigenes Individuum ist, sondern noch ganz verschmolzen mit Mama. Übrig blieb die Angst und im Zentrum der Angst die destruktiven Innenbilder, die die Angst wiederum vermehrten.

Kurt machte natürlich eine Reihe von Erfahrungen, wie andere Kinder auch, aber immer wie in Watte gehüllt, immer gemildert, niemals so, dass für ihn wirklich etwas auf dem Spiel stand, denn hinter allem, was in Kindergarten und Schule passierte, stand ja Mama, der Schutzwall, der warme und weiche. Mama war Schutz gegen die Angst und Ursache der Angst – wie soll ein kleiner Junge sich da zurechtfinden?

Anfangs war er nur ängstlich, aber ich sagte es schon, Angst schlägt in Aggressivität um, die inneren Destruktionsbilder müssen nach außen, sonst zerbrechen sie die kindliche Seele. Aggressivität ist natürlich nicht erlaubt, in der Schule nicht, im Treppenhaus und in der Nachbarschaft nicht. An die Stelle der Aggressivität tritt oft deshalb Unruhe, Impulsivität. Solche Jungen wie der kleine Kurt zappeln hierhin und dahin, wollen immer dies und das und nichts ist ihnen genug. Weil nichts das Zentrum, die Substanz ihres unruhigen Wünschens trifft.

Würde der kleine Kurt nun nach allen Regeln der deutschen Disziplin zurechtgewiesen, gemaßregelt, letztlich bestraft, was würde Strafe in dieser unruhigen und so unendlich in sich selbst verkomplizierten Seele anrichten? Die Hölle selbstverständlich. Der Kleine hätte gar keine Möglichkeit mehr, seine aggressiven Bilder und gelegentlichen Handlungen zum Ausdruck zu bringen, das würde die Angst vermehren; entweder er würde endgültig zu Mama fliehen, die Schule vernachlässigen oder sich weigern, die Schule aufzusuchen (aus lauter Angst vor der Realität, vor den anderen Kindern, überhaupt vor der Fremdheit der Welt). Oder die verbotene Aggressivität würde die Angst so unermesslich steigern, dass Angst und Wut irgendwann zum Ausbruch kommen, dann heftig, dann mit aller Macht. Dann rufen hilflose Lehrer nach einem Therapeuten oder Psychiater.

Die Frage, was stattdessen möglich ist, ist in Erziehung und Therapie immer schwierig zu beantworten, eigentlich ist sie gar nicht zu beantworten. Es geht darum, Entwicklungen einzuleiten, an denen das Kind auf eine Weise reifen kann, die seine Probleme Stück um Stück in den Hintergrund drängt und eine andere, in ihm bisher verborgene oder verschüttete Art des Charakters und des Verhaltens zum Vorschein bringt. Das klingt sehr abstrakt, ist in der Praxis auch sehr schwierig und es würde hier zu viel Platz beanspruchen, den ganzen Prozess zu erklären. Aber eines ist ganz deutlich: Mit Konsequenz und Strafe erreicht man nichts. Überhaupt geht es jetzt gar nicht darum, das Augenmerk auf das Kind zu richten. Wie insgesamt in unserer Erziehung der Fehler gemacht wird, dass wir immer und ausschließlich – im Sinn des Wortes: aus-schließend – auf das Kind schauen, seine Verhaltensweisen, seine Verfehlungen. Vielleicht auch seine Probleme. Aber die Probleme sind ja nicht vom Himmel gefallen, die Angst und die Aggressivität haben eine Geschichte. Alle, die an dieser Geschichte beteiligt sind, müssen in die Pädagogik oder in die Therapie einbezogen werden. Im Fall des kleinen Kurt ist dies offenkundig zuallererst die Mutter.

Sie hat einen schweren Weg vor sich. Sie muss nämlich lernen, von ihrer harmoniesüchtigen Bindung, ihrer unaufhörlichen, kaum unterbrochenen Nähe von dem Sohn zu lassen. Das wird ihr nur schwer gelingen, denn auch diese Mutter hat Sehnsüchte, verborgene Wünsche, die sie dazu veranlassen, sich derart an das Kind zu klammern. Bezeichnenderweise spielt beim kleinen Kurt der Vater überhaupt keine Rolle – Väter sind noch einmal ein Thema für sich. Die Mutter braucht Hilfe, das steht am Anfang der therapeutischen Betreuung fest. Die Mutter muss lernen, ein eigenes Leben aufzubauen, sollte versuchen, Freunde und Geschwister zu treffen, alte Beziehungen, die sie zugunsten des Kindes aufgegeben hat, wiederzubeleben. Sie muss lernen, ein autonomes Leben zu haben, das Leben einer Frau und nicht nur das einer Mutter. Frauen, die nur Mütter sind und sonst nichts, sind eine Plage für kleine Jungen. Manchmal sind sie geradezu riskant für ihre seelische Entwicklung.

Bei Kurts Mutter war vieles zu tun, vieles gleichzeitig, eine Ernährungsberatung war ebenfalls angesagt. Tatsächlich gelang es ihr, angesichts der Not ihres Sohnes, aufmerksam auf die Empfehlungen des Therapeuten zu reagieren. Ja, in längeren Gesprächen verstand sie: Es geht gar nicht um Kurt, nicht in erster Linie. Es geht um sie selber.

Die Ratschläge der Ernährungsberaterin beachtete sie, in relativ kurzer Zeit wurde aus der übergewichtigen Frau eine durchaus normalgewichtige, unter dem breiten mütterlichen und in gewisser Weise »verschwommenen« Gesicht wurde nun wieder das Gesicht einer jungen Frau sichtbar, die noch ein ganzes Leben vor sich hatte. Der kleine Kurt war 9, später 10, sie selber war kaum über 30, also jung, insgeheim lebte auch in ihr ein Lebenswille, der mehr wollte als nur »Mutter sein«.

Eine gute Mutter ist eine Frau, die mit ihrem Leben in Übereinstimmung ist. Das musste Kurts Mutter erst lernen. Sie tat es Schritt um Schritt. Hinter ihrer Übergewichtigkeit verbarg sich natürlich noch ein anderes Problem, dem wir zumindest teilweise zu Leibe rückten. Der wichtigste Schritt in ihrer Entwicklung, in ihrer seelischen Entfaltung war aber der Junge. *Je autonomer, je »weiblicher« sie sich verhielt und je weniger mütterlich sie war, desto geringer wurde Kurts Angst.* Auch seine Aggressivität verschwand allmählich; zwar klammerte er sich immer noch an Mama, und Mama ließ sich immer noch gern mit ihm auf eine Kuschelei ein, aber sie tat es nicht mehr restlos, nicht mehr vorbehaltlos, sie setzte sich selber und dem Kind eine zeitliche Grenze. Dann stand sie auf, wie ich es ihr geraten hatte, und sagte: »*Jetzt ist es genug*«, und: »*Jetzt geh in dein Zimmer und lies ein Buch, spiel ein Spiel oder lade einen Freund ein.*«

Sie wurde eine eigenständige junge Frau. Das erlöste Kurt – nicht von heute auf morgen, aber doch in erstaunlich kurzer Zeit. Seine Ängstlichkeit und die Selbstblockade, die er sich auferlegt hatte, auf dem Schulhof ebenso wie auf der Straße, lösten sich. Kurt fand Freunde, und das förderte wiederum die Entwicklung der Mutter. Wenn er Freunde hat, wieso ich denn nicht? Und sie fand Freunde, vielleicht wird sie sich irgendwann verlieben. Vielleicht in einen Mann, der die Fähigkeiten hat, ein guter Vater zu sein. Dann wäre Kurt endgültig gerettet.

III. TEIL

Wie Kinder KEINE Tyrannen werden – mit Freude und Gelassenheit wirkungsvoll erziehen

»Kommst du?« »Nein, ich will nicht!«

Ihr Kind spielt, Sie haben einen Termin. »*Nun komm doch endlich*«, sagen Sie. Das Kind verharrt bei seinem Spielzeug, als hätte es kein Wort gehört. Irgendwann werden Sie ärgerlich, erheben Ihre Stimme, endlich antwortet das Kleine, Sie wissen schon im Voraus, was jetzt kommen wird: »*Ja, gleich!*«

Nahezu unvermeidlich der Streit, der nun entbrennt. Irgendwann haben Sie sich durchgesetzt, hasten das Treppenhaus hinunter und auf die Straße, ein heulendes Kind am Arm und selber voll Zorn und mit besorgtem Blick auf die Uhr, weil schon wieder so viel Zeit vergangen ist. Und Ihr Termin war doch so wichtig!

War er das wirklich? Solange Sie gewohnt sind – und das sind wir fast alle –, fest davon auszugehen, dass Ihr Termin, und sei es ein Einkauf, viel wichtiger ist als das Spielen des Kindes, bleibt der Streit unvermeidlich.

Ich empfehle, bevor wir uns der immer gleichen Frage zuwenden: »*Was machen wir jetzt?*« – und damit eigentlich »*Wie zwingen wir das Kind zum Gehorsam?*« meinen –, für einen Augenblick innezuhalten. Kleine Denkpausen, winzige meditative Momente, sie erleichtern das Leben ganz ungemein.

Wirklich so wichtig, der Einkauf? Oder geht es auch eine halbe Stunde später? Oder gäbe es nicht hier und da etwas zu tun, das dem Kind erlaubt, noch ein kleines Stückchen weiterzuspielen, beispielsweise mit seinem Lego wenigstens einen der beiden Flugzeugflügel fertigzustellen? Vielleicht ein längst aufgeschobenes Telefongespräch mit einer Freundin? Oder ein Brief, ein richtig handgeschriebener (ewig nicht mehr gemacht!) an eine Groß- und möglicherweise Erbtante, der es zurzeit gar nicht so gut geht?

Der erste Fehler nämlich, der uns dauernd unterläuft, besteht darin, dass wir unser jeweiliges Vorhaben (und sei es uns just eben erst durch den Kopf geschossen) für das Allerwichtigste auf der Welt halten. Und dass wir, wie gesagt, Termine heiligen wie frühere Generationen ein Kruzifix.

Die weisere Lebenseinstellung besteht darin, kleine nachdenkliche Überlegungen einzuschieben, die etwa entlang der Frage gestellt werden: Was ist wichtig? Was ist nur ein *bisschen* wichtig? Und was ist eigentlich schnurzpiepegal? Wenn Sie erst einmal ernsthaft darüber nachdenken, werden Sie überrascht sein, wie viel unnützes Zeug Sie den ganzen Tag erledigen, und zwar immer in Eile, hastend von Termin zu Termin.

Der zweite Fehler ist, dass wir keinen einzigen Blick auf unser Kind richten.

Ist sein Spiel nicht vielleicht auch kostbar? Überlegen wir einmal, wie viele Mühen viele Mütter auf sich nehmen, um ihr 3-Jähriges zu einem Intelligenz- oder sonst einem Training zu schleifen, zum Psychomotorikkurs oder weiß der Himmel was, nur damit es, wie vollmundig versprochen, ein schlaues und kreatives Kind wird.

Ich verrate Ihnen ein Geheimnis, das seit ungefähr 100 Jahren bekannt ist: Durch nichts und keinerlei Tätigkeit werden die Intelligenz eines Kindes, sein Lebensmut und seine Kreativität derart gefördert wie durch ein intensives Spiel. Denken Sie doch einfach mal um, beispielsweise so: Ich fördere soeben mein Kind, indem ich es in seinem Bauklötzchenspiel oder seinem Zusammenfügen von Legoklötzchen oder seinem eifrigen Stricheln auf dem Papier nicht unterbreche, sondern vergnügt über seine Schulter schaue und denke: »*Eigentlich toll, was so ein kleines Wesen alles auf die Beine stellt!*«

Dieser Moment der Zuneigung, die Sie dabei durchströmt, macht den ganzen gehetzten Nachmittag schon viel freundlicher, die Bedeutung Ihres Termins schwindet mit hoher Wahrscheinlichkeit auf eine dritte oder vierte Position im Ranking der Wichtigkeiten, vielleicht verschwindet sie sogar ganz und gar, weil der Termin bei genauerem Hinsehen eigentlich ganz unbedeutend oder leicht aufschiebbar war.

Und mit der gewonnenen Zeit wenden Sie sich stattdessen etwas zu, was sie schon lange machen wollten, beispielsweise dem Telefongespräch mit einer Freundin, von der Sie schon beinahe vergessen worden wären. Ein kleines Stück wiedergefundene Begegnung an diesem Nachmittag. War's das nicht wert (statt »Termin« und »Komm doch endlich!« und dem nächsten Termin)?

Wie Sie es geschafft haben, ist nun auch klar: dadurch, dass Sie nicht einfach, wie eine 3-Jährige, Ihrem jeweiligen Impuls gefolgt sind, sondern sich Zeit gelassen haben, sich selber Ihrem Kind zuwendeten und gleichzeitig die Bedeutung dessen, was Sie vorhatten, infrage stellten.

Nun kann es freilich passieren, dass gerade, wenn Sie mitten in einem unerwartet intensiven Gespräch mit Ihrer Freundin sind, Ihrem Kind sein Spiel langweilig geworden ist und es nun in der Tür steht und mitten in Ihr vergnügtes Telefongespräch hineinmurrt: »*Mama, wann gehen wir endlich?*«

Jetzt, aber erst jetzt, haben Sie jedes Recht, Ihrem 3- oder

5-Jährigen zu antworten: »*Wenn ich telefoniere, hast du Pause. Du wartest, bis ich fertig bin!*«

Ich will haben, und zwar sofort, aber was ganz anderes!

Eine der häufigen Klagen von Eltern läuft darauf hinaus, dass das Kind »etwas will«, die armen Eltern aber nicht ununterbrochen das »Gewollte« kaufen können. Auch hier hilft genaues Hinsehen.

Wenn Kinder nämlich sagen, dass sie etwas »wollen«, dann können sie damit höchst unterschiedliche Dinge meinen. Manchmal wollen sie etwas in dem Sinn, wie wir ganz allgemein »*Ich will haben*« verstehen. Sie haben einen Teddybären oder einen Robocop gesehen, haben sich Knall auf Fall in ihn verliebt und wollen ihn. Jetzt. Das ist eine Möglichkeit, darüber reden wir noch.

Aber häufig meinen sie auch etwas anderes. Und wenn wir genau aufpassen, erkennen wir den Unterschied an der Art und Weise, *wie* die Kinder ihren Wunsch vortragen.

Es gibt nämlich ein Wollen der Kleinen, das ich einmal hilfsweise als »Wollen-Wollen« bezeichnen will. Soll heißen: Diese Kinder *wollen* in solch einem Moment, und zwar ganz unbedingt und dringend, sie wissen nur nicht, was. Alles und nichts. Sie wollen einfach, weil sie wollen.

Nichts daran ist pädagogisch-moralisch verwerflich, es muss auch nicht sofort abtrainiert und mit erzieherischen Mahnungen reagiert werden: Zunächst wollen wir diese seltsame Art des Wünschens unserer Kleinen nur verstehen.

Ist gar nicht schwer!

Für kleine Kinder, egal, ob mit 2 oder 5 Jahren, ist die ganze Welt voller Verlockungen, aber nicht nur Verlockungen, sondern auch voll von Neuartigkeiten, überwältigenden Dingen, die sie noch nie gesehen haben, die sie jetzt unbedingt betasten, überprüfen, kontrollieren, auseinandernehmen und wieder zusammenbauen müssen. Die sie, kurzum, »wollen«.

Solches Wollen hat zwei Merkmale: Zum einen ist es eher eine Art umherstreunender Neugier, die sich auf dieses oder jenes richtet, aber zugleich ist es eine sehr zupackende Neugier. »Ich sehe etwas, ich finde das spannend, überraschend und toll« lässt sich dann einfach übersetzen in ein: »Das will ich haben. Und zwar alles, am liebsten die ganze Welt«, so lange, bis der jeweils einzige Gegenstand, diese Puppe, jener Teddy oder ein Apfel vor lauter Wollen schon wieder vergessen worden ist.

Eben »Wollen-Wollen«.

Wenn Eltern die Geduld (und das nötige Kleingeld) aufbringen, dann können sie solches »Wollen-Wollen« im Unterschied zu etwas, das ein Kind wirklich »will« und in sein Herz geschlossen hat, dadurch herausfinden, dass sie einfach den ersten besten »gewollten« Gegenstand kaufen. Keine Sorge, mehr als zwei, drei Euro kosten die Miniwünsche der Kleinen nicht, sie müssen halt aus der Menge heraussprudelnder Wünsche einen besonders preiswerten herausfischen.

Folge: Der oder die Kleine freut sich, jubelt ein bis zwei Minuten, verzieht dann aber schon mürrisch das Mündchen – will schon wieder. Diesmal etwas ganz anderes.

Es kam eben gar nicht auf den Gegenstand an, sondern

darauf, diese übervolle, Neugier provozierende, glänzende und fremdartige Welt an sich zu nehmen, in Besitz zu nehmen. Anders, genauer formuliert: Die Kinder wollen sich diese fremdartige Welt »zu eigen machen«.

Hinter dem Wollen verbirgt sich zwar Neugier, aber zugleich auch eine mit Neugier gemischte Ängstlichkeit. Diese Welt ist eigenartig und spannend, das schon! Aber auch dem kindlichen Empfinden so fremd. Nicht so eng und versöhnlich wie das Kuscheln an Mamas Brust oder das Greifen nach Papas Hand.

Bisher leicht nachzuvollziehen, wie ich meine. Aber nun wird es leider schwierig. Wir können ja einem Kind, nur damit es sich die ganze Welt »zu eigen« macht, nicht ununterbrochen irgendwelche Gegenstände in Kaufhäusern oder in der Fußgängerzone kaufen. Was also tun?

Wer glaubt, dass es auf solche weltbewegenden Fragen – und das meine ich ganz ohne Ironie – simple Antworten gibt, liegt leider völlig falsch.

Zuerst war es schon schwierig genug, das Wollen im Sinn von »*Ich will aber haben*«, das sich auf einen ganz konkreten Teddybären oder ein Steiff-Tierchen bezog (und wirklich dieses eine Steiff-Tierchen und sonst nichts), vom »Wollen-Wollen« zu unterscheiden. Ist Ihnen das nun gelungen, dann stehen Sie vor einer weiteren, höchst komplexen, ja paradoxen Aufgabe. Sie wollen ja zum einen dieses »Neugierverhalten« Ihres Kindes in vernünftiger Weise fördern. Ihnen ist, als kluger Mutter, sehr wohl klar, dass ein dauerndes Nein das aufgeregte und fröhliche »Neugierverhalten« ihres Kindes früher oder später zum Erlahmen bringt und schließlich alles in einem recht deprimierenden, maulenden Desinteresse endet. Ungefähr so: Wenn ich diese schöne, bunte, glitzernde, verlockende Welt eh nie kriegen kann, nie damit kuscheln, nie anfassen, nie kaputt machen, nie reinbeißen kann – reinweg gar nichts! –, dann interessiert mich diese Welt eben nicht mehr. Dann ist mir alles egal, die Puppe und die Welt und Mama auch. Alles egal. Gleich fange ich an zu weinen! Aber laut!

Zurück zu Mama oder Papa oder Großmutter, jedenfalls dem »vernünftigen« Erwachsenen. Er hat ja – wir reden von klugen und verständnisvollen Eltern – begriffen, dass dieses »*Ich will das und das auch noch*«, dass dieses »Wollen-Wollen« eine zu fördernde Art des von allen Pädagogen gelobten Neugierverhaltens ist, letztlich ein schönes Kinderverhalten. Leider ist es immer mit einer gewissen Kinderängstlichkeit vermengt. Weil diese Welt ja nicht nur schön und bunt, sondern auch ganz fremd und ein bisschen unverständlich ist. Das Kind, ich sagte es schon, will auch deshalb unbedingt »haben« und »in Besitz nehmen«, damit es über das fremdartig-ängstigende Objekt »herrscht«.

Was folgt daraus? Je besser es Ihnen gelingt, dem Kind die Angst, diese ganz allgemeine, ganz normale Kinderängstlichkeit vor der Fremdartigkeit der Welt, vor diesen vielen prallen, manchmal lärmenden, manchmal sich bewegenden Dingen zu nehmen, desto geringer wird sein Drang, alles und jedes haben zu wollen.

Wirkt meine Behauptung etwa befremdlich, dass sich Spielzeuge und andere schöne Dinge auch als ängstigend erweisen können? Dann erinnern Sie sich mal an manche Angstträume, in denen die Puppe oder der mechanische Vogel plötzlich ein ganz böses Eigenleben annahmen – übrigens arbeiten manche Horrorfilme genau mit diesem Motiv, man denke nur an Stephen King. Nein, täuschen wir uns nicht, in den Dingen steckt nicht nur Verlockung, sondern auch Furcht. Sie sind nicht nur schön, sie könnten auch böse sein – mindestens aus der Sicht eines Kindes.

Ja, und nun? Nun sind wir wieder bei meiner Grundaussage, die wie ein roter Faden dieses Buch durchzieht, man kann auch sagen, meinem ewig gleichen Mantra. Es lautet: Je mehr Bindung Ihr Kind hat, desto leichter überwindet es seine Angst. Je sicherer es sich kurz Ihnen zuwendet und angesichts Ihrer Stimme, Ihres Gesichts, Ihrer Bewegungen ein ursprüngliches Vertrauen wieder in ihm wach wird, umso sicherer verlieren die Objekte ringsum ihren unheimlich-doppelbödigen Charakter. Mit dem sichernden Blick auf Mama oder Papa ist die Welt nicht nur geordnet, sondern auch von Grund auf verlässlich.

So einfach ist das.

Wenn Sie also merken, dass Ihr Kind – sagen wir, es ist zwei, drei oder fünf Jahre alt – sich mit Neugier und Unruhe von Ihnen losreißt, hierhin und dorthin rennt, das eine bestaunt und dann das andere auch noch, schließlich ängstlich zurückkommt und gleich wieder losrennen will, dann befindet es sich mit ziemlicher Sicherheit auf dem Pfad des »Wollen-Wollens«. Was das bedeutet, haben wir nun verstanden. Ihr Kleines ist hin- und hergerissen. Seine kleine Seele schwankt zwischen lustvoller Freude auf diese Welt und schüchterner Ängstlichkeit hin und her. Immer hin und her.

Da Sie als gute Mutter, guter Vater usw. die Bedeutung von verlässlichen Bindungen längst verstanden haben, lösen Sie diesen Konflikt – der ja jederzeit in wütendes Trotzgeschrei (»Ich will, nein, ich will nicht, ich will was ganz anderes, blöde Mama«) ausbrechen kann – auf folgende Weise: In den frühen Bindungssituationen, im verspielten Miteinander haben sich zwischen Eltern und Kind viele kleine Rituale, Gesten versöhnlicher Art, Berührungen tröstender Art usw. eingeübt. Hundert- oder tausendmal durchgespielt. Eine davon wenden Sie an. Dieses ganz besondere Kuscheln, bei dem das Kind sein Ärmchen immer um Mamas Hals legt und das rechte unter Mamas Arme schiebt – hundertmal gemacht (ich rede aus Erfahrung), und die Welt verliert ihre bedrohlichen Züge und aus dem »Ich-will-ich-will-nicht« erwächst Beruhigung.

Jetzt findet Ihr Kind nämlich zu einer gemäßigten Neugier zurück. Die Neugier hört nie auf, zumindest nicht bei seelisch gesunden Kindern. Sie kann höchstens von zu viel »Nein« oder Steuerung Winterhoff'scher Art oder Disziplin Bueb'scher Art erstickt werden. Aber wir waren uns ja einig: Das wollen wir nicht. Wir wollen ja kein geducktes, »kognitiv« verarmtes Kind, sondern ein neugierig-mutiges.

Im Schutz des tröstenden Rituals formt sich die kindliche Unruhe zu Aufmerksamkeit. Die Puppe da, ist die nicht schön?! Jetzt ist das Kleine in der Lage, mit großer Achtsamkeit das Kleid, die Farbe, die ewigen Glitzerkettchen, die an diesen Puppen hängen oder sonst was zu bestaunen und seine neugierige konzentriert-achtsame Freude daran zu haben.

Kleine Übungen, Gesten und Rituale, die sich aus der Bindung zwischen Eltern und Kind hergestellt haben – das ist alles. Beispielsweise so: Sie nehmen das kleine Zappelkind, heben es hoch, vielleicht strampelt es noch und will sich losreißen, aber dann greift Mama nach der einen Hand,

Papa nach der anderen und gemeinsam inszenieren sie mitten auf der Fußgängerzone das bei allen Kindern heißgeliebte Spielchen »Eltern schaukeln ihr Kind«. Papa links, Mama rechts und das Kind, sicher gehalten, in der Mitte und schwingt und schaukelt und fliegt ganz hoch in die Luft, immer höher.

Das Kind quietscht, das Kind kreischt, das Kind fühlt sich sicher. Irgendwann wird das Spiel langweilig und die Arme werden müde. Jetzt rennt das Kleine wieder los. Aber schauen Sie aufmerksam hin: Sein sogenanntes »Neugierverhalten« ist tatsächlich, wie eben beschrieben, ein anderes geworden.

Meinen kritischen Hinweis auf unsere Disziplinpädagogen kann ich fast schon weglassen, er versteht sich von selbst. Hätten Sie das kindliche Verhalten und sein Maulen energisch unterdrückt, sein Herumrennen konsequent kontrolliert, dann hätten Sie am Ende dieses netten Nachmittages nicht nur ein maulendes, sondern unruhiges, schlimmer: in der Tiefe seiner Seele verängstigtes Kind. Die Welt wäre ihm immer noch fremd und ein bisschen unheimlich – es hat ja nichts lernen dürfen –, und die »strengen« Eltern, die nur Ungehorsam sahen und sonst nichts, sind dem Kleinen auch ein bisschen fremd geworden (vorübergehend nur, Gott sei Dank).

Jeder darf sich danebenbenehmen – aber immer nur einmal!

Da wir schon bei den Beispielen sind: Wir stellen uns vor, dass Ihr 10-Jähriger beim Essen »schlürft«. Eine ziemlich unangenehme Angewohntheit, zumindest für feine Ohren. Der Junge schlürft, und was machen Sie nun? Verbot aussprechen, konsequent strafen, dann hört er damit auf? Könnte sogar sein, dass das funktioniert. Nur, Benehmen bei Tisch und einen eigenen, guten Lebensstil lernt der Kleine dabei natürlich nicht. Er lernt genau das Gegenteil, nämlich, dass man sich unterwerfen muss, sonst wird man bestraft. Ein selbstbewusster, autonomer und eleganter Lebensstil, der dem Kind auf seinem späteren Lebensweg viele Türen aufstoßen würde, wird durch Verbot und Konsequenz mit Sicherheit nicht erreicht. Ihr Sohn würde ja nicht einmal lernen, wieso Schlürfen eigentlich etwas Unappetitliches ist. Nur, dass es etwas Verbotenes ist.

Was machen Sie also stattdessen? Sie lassen sich etwas einfallen! Wenn Sie erst einmal den Spaß daran entdeckt haben, wie viel man sich einfallen lassen kann, um das Verhalten von Kindern hier und da zu regulieren und unerträgliche Verhaltensweisen auf die eine oder andere Weise zu modulieren, wird man übrigens immer einfallsreicher. Ein richtiges Kreativitätstraining, diese Erziehung. Ich nenne Ihnen ein Beispiel, das mir gerade durch den Kopf geht.

Erste Variante: Der ganze Familientisch beginnt, vielleicht nach vorheriger Verabredung auf ein geheimes Zeichen von Mama, urplötzlich zu schlürfen. Das wird vor allem den größeren und kleineren Geschwistern unseres »Schlürfers« viel Freude machen, sie schlürfen und schniefen, dass es nur so eine Art hat. Und als Mutter werden Sie wahrscheinlich feststellen, dass auch Ihr sonst so pedantischer Gatte plötzlich eine infantile Freude am Schlürfen entwickelt. Alle haben viel Spaß, nur unser kleiner »Schlürfer« nicht. Dem geht die Schlürferei nämlich erheblich auf die Nerven, Kinder haben auch feine Ohren! Und nun passen Sie auf, denn jetzt kommt etwas typisch Kindliches. Der Kleine wird vorwurfsvoll aufschauen und mit anklagend-bitterer Stimme sagen: »*Wenn ihr alle schlürft, macht das Essen überhaupt keinen Spaß mehr. Das klingt ja furchtbar.*« Er hat dabei – das ist ja das Kindliche – total vergessen, dass er mit dem ekligen Geschlürfe angefangen hat. Aber immerhin dämmert ihm, dass zwischen den unangenehmen Geräuschen, die inzwischen die ganze Familie verursacht, und seinem einsamen Schlürfen vorher ein gewisser Zusammenhang besteht.

Also sagen Mama oder Papa in aller Seelenruhe und nicht ohne ein gewisses freundliches Zwinkern: »*Einigen wir uns folgendermaßen: Hier wird überhaupt nicht mehr geschlürft. Ab heute nicht, ganz und gar nicht, nicht ein kleines bisschen* (bei Kindern muss man manche Anweisungen wiederholen), *basta* (bei Kindern muss man einen effektvollen Schlusspunkt setzen).«

Zweite Variante: Sie stellen völlig unauffällig eines dieser alten Kassettengeräte, die es meistens noch im Haushalt gibt, in die Nähe des »kleinen Schlürfers«, vor allem dann, wenn es eine leckere heiße Suppe zu verspeisen gibt. Sie sagen kein Wort, Sie nehmen einfach auf. Am Ende des Abendessens erklären Sie, dass Sie eine wesentliche Botschaft zu verkünden hätten. Sie bitten um Ruhe! Merken Sie sich bitte, dies alles geschieht mit einem »grain of salt«, also mit einer gewissen Leichtigkeit, Heiterkeit: Schlürfen ist zwar unangenehm, aber schließlich kein Kapitalverbrechen.

Alle schweigen ergriffen, die Augen erwartungsvoll auf Papa gerichtet. Papa schaltet das Gerät an. Natürlich auf absolute Lautstärke, lässt ein gewaltiges unästhetisches Schlürfen hören und fragt vergnügt in die Runde: »*Was ist das? Ein Monsun? Ein Unwetter? Oder ein Esel, der Durchfall hat? Nein, es ist unser kleiner Hans-Georg, der soeben seine Suppe löffelt.*«

Das ist ein bisschen gemein, das gebe ich zu, die Geschwister kichern nämlich wie blöd, Hans-Georg kriegt einen roten Kopf. Nun wird es allerhöchste Zeit, dass Sie ihn liebevoll anschauen, vielleicht über den Kopf streicheln, die Stirn küssen, und Mama oder Papa beeilen sich hinzufügen: »*Als ich so alt wie Hans-Georg war, habe ich auch geschlürft. Kinder machen so etwas. Aber Hans-Georg ist ja kein Kind mehr. Das war es dann wohl.*«

Das war es wirklich. Hans-Georg wird noch viele Unarten an den Tag legen, nur diese eine mit Sicherheit nicht: er wird nie wieder schlürfen. Unser Kleiner hat keineswegs nur gelernt, dass er in Zukunft nicht mehr »schlürfen« darf. Nein, nein, er hat viel mehr gelernt. Er hat »gutes Benehmen« gelernt, er weiß jetzt, dass man Rücksicht auf andere Menschen nehmen und ein bisschen darauf achten muss, welchen Eindruck man auf sie macht (das stärkt übrigens auch das Selbstbewusstsein), er hat, mit anderen Worten, ein wenig über sich selber und sein Verhalten anderen Menschen gegenüber in Erfahrung gebracht. So etwas ist mehr als gutes Benehmen, es ist »Bildung« ganz im Kleinen. Ob Sie mit Strafen oder »klaren Ansagen« und Konsequenz tatsächlich dasselbe Ergebnis erzielt hätten?

Im hohen Kinderstuhl, mitten im Restaurant, und ganz allein

Erinnern Sie sich an den Kleinen auf seinem Holzstuhl, mitten im Restaurant? Und Mama und Papa, die sich unaufhörlich um ihn bemühten und dabei doch das Wichtigste verfehlten? Ich will noch ein wenig weitererzählen, wie diese Eltern aus ihrer Verstrickung herausfinden könnten. Denn eine Verstrickung ist es, und das Kind hängt hilflos mittendrin.

Eine der Ursachen, hatte ich gesagt, liegt darin – vermutlich ist es die gesellschaftlich zentrale Ursache –, dass das Kind so ganz ins Zentrum der Familie gerückt ist. Sogar die gefühlsmäßige Beziehung zwischen Mama und Papa wurde von ihm ganz zur Seite gedrängt. Immer kommt zuerst das Kind, dann erst fragt der Mann nach der Befindlichkeit der Frau, die Frau nach dem Befinden des Mannes.

Diese übermäßige Konzentration auf das Kind hat fatale Folgen. Wie wäre den dreien denn zu helfen? Vielleicht so:

Die Überfokussierung auf das Kind ist ja nicht vom Himmel gefallen, sie hat mit einer gewissen Beziehungsleere zwischen Mann und Frau zu tun. Wollen wir dem Kleinen aus der seelischen Sackgasse, in die er in so sehr frühen Jahren bereits hineingedrängt wird, heraushelfen, dann würden wir ganz bestimmt nicht als Erstes zum »Disziplin-Knüppel« greifen. Kein »Der muss auch mal Grenzen gezogen kriegen, der braucht mal Konsequenz«, nichts davon!

Wir würden, ganz im Gegenteil, unsere Aufmerksamkeit von dem Kind weg auf die Eltern lenken. Die Eltern haben einen Fehler begangen, der sehr schwerwiegend ist. Er hat etwas Existenzielles. Sie lieben sich nicht genug.

Kein Kind kann gesund und froh aufwachsen, wenn es in einem liebesarmen Elternhaus groß wird. Die beiden müssen lernen, einander wieder anzuschauen. Ist das überhaupt möglich? Wer weiß, vielleicht, ich glaube, schon! Sie hatten ja einmal Gefallen aneinander gefunden, vermutlich haben sie sich geliebt, jedenfalls zeitweise. Inzwischen ist zur Liebe noch vieles andere hinzugekommen, genauso wichtig, nämlich eine Menge an Lebenserfahrung. Die beiden haben eine mehr oder wenige lange Strecke ihres Lebensweges gemeinsam zurückgelegt. Das heißt auch, dass sie wichtige Reifungsschritte, in Siegen wie in Niederlagen, miteinander erlebt und gefühlt haben. Nicht immer und nicht unbedingt harmonisch gemeinsam, aber im Miteinander.

Der Mann hat bei seinem kleinen oder großen beruflichen Aufstieg die Frau an seiner Seite gewusst. Als er nach einem erfolgreich abgeschlossenen Projekt nach Hause kam, fand er sie vor und nicht irgendjemand anderen. Seine freudigen Gefühle sind, weitgehend unbewusst, mit dieser Frau verschmolzen. Er kann gar nichts dagegen tun. Die Frau hat vielleicht, trotz der Mühen junger Mütter, einen aussichtsreichen Beruf zu finden, Glück gehabt. In einer zufälligen Begegnung eröffnete sich ihr eine berufliche Möglichkeit. Wen hat sie denn damals als Ersten angerufen, um ihm die frohe Mitteilung zu machen? Nun wohl doch eben diesen Mann, der ihr jetzt gegenübersitzt und dem sie keinen einzigen Blick schenkt.

Waren sie nicht beide enorm aufgeregt, als sich die Existenz des Kindes ankündigte, als die Frau auf den Mann zueilte und rief: »*Ich bin schwanger, stell dir das vor!*« Lauter Gemeinsames! Man muss es nicht gleich Liebe nennen, obwohl Liebe das Schönste und Höchste ist – vor allem ist die Liebe zwischen Eltern das Schönste und Höchste, das einem Kind widerfahren kann. Aber so viel Glück haben nicht alle Kinder.

Alles Gemeinsamkeiten, die binden. Was also können wir den beiden raten? Liebe kann man nicht »wollen«, man kann sie aber hervorlocken. Die beiden könnten von ihrer – dem Kind eher lästigen – Daueraufmerksamkeit doch einmal ablassen, sie könnten sich anschauen und das uralte Menschheitsspiel spielen: »*Weißt du noch* ...«

Wie sie beide ins Krankenhaus gefahren sind, vielleicht war es schon höchste Zeit? Wie der Mann die Frau stützte, als die Wehen einsetzten und immer schmerzhafter wurden. Die Momente der Geburt – erinnert sich die Frau eigentlich bewusst daran? Er jedenfalls erinnert sich. Er weiß auch – und er könnte es jetzt mit einem Schimmer von Humor erzählen –, wie überflüssig er sich fühlte, einerseits innerlich bewegt wie selten zuvor in seinem Leben und auf der anderen Seite ganz an die Seite gedrängt. Eine hektische Hebamme, eifrige Ärzte, hohe Professionalität an allen Ecken und Enden, und in der Mitte seine Frau, vielleicht hat sie sich an seiner Hand festgehalten.

Er könnte ihr Sätze sagen wie diesen: »So was Blödes! Da erlebt man den vielleicht intensivsten Moment seines Lebens und fühlt sich ganz überflüssig dabei. Man weiß gar nicht richtig, was man machen kann.« Vielleicht fällt ihr dann auch etwas Freundliches ein. Vielleicht war es ihr vorher schon ganz entfallen: »Nein«, sagt sie vielleicht, »du warst ganz schön wichtig, dass du meine Hand gehalten hast, das vergesse ich dir nie. Das war der einzige Halt, den ich wirklich hatte, sonst hatte ich ja nur fremde Gesichter um mich herum und den Schmerz. Das einzig Gute warst du!«

Ist das Kitsch, Beziehungskitsch?

Na, wenn schon!

Wir sollten uns angewöhnen, in unseren Reden über unsere Kinder und über unsere Ehen viel gefühlvoller zu sein. Diese ewige erwachsene Vernunft macht alles so hager und dünn! Wenn wir über unsere Kinder oder unsere Partner sprechen und schreiben, darf es auch mal kitschig werden, davon geht die Welt nicht unter. Aber von Lieblosigkeit geht sie unter.

Beginnt man erst einmal so miteinander zu reden, wie ich es eben ausgesponnen habe, hat man seine Gefühle erst einmal für eine kleine Weile auf die Vergangenheit konzentriert, dann werden auch die Gefühle in der Gegenwart wieder stark.

Dann spürt man plötzlich mit dem Blick auf das Kind: Ist es nicht ein Wunder, ohne dich, die Frau, ohne mich, den Mann, gäbe es dieses wunderbare Wesen gar nicht. Stell dir das vor. Es würde schlicht nicht existieren. Ist das nicht unvorstellbar? Nun ist es kein großer Schritt mehr und bedarf keiner therapeutischen Hilfe, dass der Mann die Hand der Frau sucht und sie seine Berührung beantwortet, dass endlich – endlich! – ihre Blicke einander begegnen.

Für das Kind würde sich dadurch alles ändern. Ich übertreibe nicht: Alles.

Warum?

Als Erstes würde der Kleine lernen, dass es viel mehr gibt als immer nur sein unfertiges »Selbst«. Dass sich für ihn jetzt, wo nicht mehr alles und jedes um sein »Babyselbst« kreist, eine überaus lebhafte, bewegende, beglückende Welt eröffnet. Aber dazu benötigt er die felsenfeste Bindung zwischen Mama und Papa, in der er sich spiegelt und sichert. Das ist nun einmal so.

Das Kind würde seine kleine Welt kennenlernen, immer mit dem Blick zurück auf Mama – ist sie noch da? Dann ist es ja gut! – oder Papa – wo treibt der sich wieder rum? Es würde Kontakt aufnehmen zur Fremdartigkeit der vielen Welt-Dinge, jetzt endlich. Und was noch viel wichtiger ist: Es würde seine eigenen unruhigen Gefühle, seine Mimik, seine Gestik und alles, was dazugehört, im Spiegel beider erwerben. *Aha, so schaut man, wenn man Mama lieb hat. Das werde ich mir merken. Ach, so berührt eine Hand eine andere, ach, so sieht das aus, wenn ich mit Mama kuschele, fast so wie bei Papa.* Wie nebenbei wächst jetzt auch die Bedeutung des Väterlichen, die weiter zunehmen wird, wenn das Kleine sich »auf die eigenen Beine stellt«.

Jetzt wird alles vorbereitet. Im Austausch der Bindung, der Gefühle, der Zuneigung und des gelegentlichen Zorns spiegelt sich dieses Kind, es erfährt nicht nur diese eine, immer gleiche, verwöhnende Bindung an die »Mama-Papa-Welt«, sondern die Weite der noch ganz ungewussten Welt, vor der es manchmal ängstlich zurückweicht, die es dann wieder mutig aufsucht.

Es lernt, seinen Kopf nicht nur stur auf das eine oder andere Objekt, auf das sich sein unruhiger Willen gerade richtet, zu lenken, sondern hin und her zu schauen, prüfend und von all den vielen Tönen, Stimmen, Bewegungen um es herum beeindruckt. So lernt es sich selber über seine Sinne kennen. Immer aufbewahrt in den Bindungen der Personen, die es ins Leben gebracht haben. So wird es zum Kind, auf das die Welt in vielfältiger Weise zuwächst, und

ist nicht ein Kind, das gierig nach der Welt greift und sich selber dabei fortwährend versäumt, weil es bedient und wieder bedient wird.
So sollte das sein. Liebe schützt ein Kind. Aber so ist es nicht oft. Nur manchmal.

Kluge Mütter sind manchmal eine »liebe, blöde Kuh«

Vielleicht sollten wir in der Erziehung zwischen zwei Dingen unterscheiden, dem Charakter und dem Verhalten. Dazu gibt es übrigens wiederum eine lange ausführliche Diskussion in der klassischen Pädagogik, die lasse ich aber beiseite. Ich bringe es auf eine Kurzformel: Den Charakter eines Kindes kann man nicht ändern, übrigens genauso wenig wie den Charakter eines Ehepartners. Aber sein Verhalten kann man beeinflussen, lenken, verändern. Nicht grundsätzlich, das gelingt fast nie. Aber in all den Punkten, die für sein Lebensglück entscheidend und die für ein friedliches Zusammenleben in einer Familie unumgänglich sind, von Schule und Schulerfolg einmal ganz zu schweigen.

Ich gebe Eltern, wenn sie sich bei mir beschweren (und sie tun es oft!), dass ihr früh pubertierender Sohn von etwa 12 oder 13 Jahren sich urplötzlich angewöhnt habe, seine eigentlich so geliebte Mama in Konflikten mit ziemlich üblen Schimpfworten zu bedenken – ich geben ihnen dann gern einen kleinen Tipp mit einem Körnchen pädagogischer Philosophie.

Was machen wir? Was unsere Disziplinpädagogen vorschlagen würden, ist klar, da muss entschieden eingegriffen werden, aber schleunigst, etwa so: »*Stopp! Halt! So etwas machst du nicht mit mir. Warte, bis Papa nach Hause kommt!*« Damit wir uns nicht falsch verstehen: Gelegentlich ist ein entschiedenes »*Nicht mit mir, mein Kleiner*« ganz angebracht. Aber vorher ist etwas anderes wichtig.

Eine der großen Künste der Pädagogik oder auch der simplen familiären Erziehung besteht darin, die Kinder zu verblüffen.

Ihr Sohn also wirft Ihnen wieder ein rüdes »*blöde Kuh*« an den Kopf, teilweise können es auch herbere Ausdrücke sein, die modernen Kinder sind oft nicht zimperlich. Sie antworten nicht, wie er das eigentlich von Ihnen erwartet, mit ebenso lautem Schimpfen, schon gar nicht mit Strafen, Sie tun etwas ganz anderes.

Sie schauen ihn an und sagen, mit keineswegs beleidigter, keineswegs kläglicher, sondern gefasster und gelassener Stimme: »*Ich habe dich so lieb und so redest du mit mir!*« Und dann wenden Sie sich ganz ruhig zur Seite und gehen weg. Keine Ermahnungen hinterher, keine Erklärung, nichts davon.

Sie stehen einfach auf und verlassen den Raum.

Wollen wir wetten, dass Ihr Kleiner hinter Ihnen hergetrottet kommt und eine Entschuldigung sozusagen »auf dem Fuß« folgt. Sie fällt vielleicht ein bisschen grob, unbeholfen aus, es handelt sich nun einmal um einen 12- oder 13-jährigen Jungen, aber sie kommt von Herzen. Sie können sich ganz fest darauf verlassen! Damit ist der Konflikt zunächst einmal aus dem Weg geschafft, das Problem allerdings noch längst nicht. Übrigens gibt es gar keine »pädagogischen Probleme«, die endgültig gelöst werden können.

»Endgültigkeit« ist ein Wort, das vielleicht in die Kriegspolitik gehört, aber nicht in die Familien.

Drei oder vier Tage später hat Ihr Sohn seinen guten Vorsatz vergessen, ich wiederhole: Wir reden von einem Jungen, und zwar einem Zwölfjährigen. Dreizehn ist auch nicht besser! Ein verteufelt schwieriges Alter!

Sie wiederholen die ganze Prozedur, diesmal vielleicht mit etwas energischerer Stimme, einem Wortklang, der schon deutlicher macht: *Ich will nicht nur sagen, dass ich dich lieb habe, ich will dir auch sagen, dass du so nicht mit mir umgehen darfst.*

Aber an dem wichtigsten Satz ändern Sie nichts: *So lieb habe ich dich!*

Und wie weiter? Nach einer, diesmal höchstwahrscheinlich deutlich längeren Zeitdauer, sagen wir eineinhalb Wochen, wiederholt sich der Konflikt. Nicht ganz genau wie vorher, aber sehr ähnlich. Der Kleine holt soeben tief Atem, um höchstvermutlich irgendeine Tierart zu benennen, obwohl er seine Mutter meint – und diesmal heben Sie ganz leicht den Zeigefinger. Sie schauen ihn dabei aber ebenso gelassen, so wenig gekränkt und kläglich an wie beim allerersten Mal, Ihr Lächeln wiederholt die diesmal unausgesprochenen Worte »so lieb« und der Zeigefinger signalisiert: »Nein, jetzt nicht mehr!«

Der kleine erhobene Zeigefinger, eigentlich Inbegriff schlechter Pädagogik, ist im Kopf Ihres Kindes ganz und gar verwoben mit dem schönen Satz, den Sie zwei- oder dreimal in einer schwierigen Situationen so geduldig ausgesprochen haben. Jetzt zahlt er sich aus. Eine kleine Geste, eine kleine Bewegung des Fingers, ein Blick, der zwischen Mutter und Kind immer ein wenig von Vertrauen hat (zumal zwischen den kleinen Kindern und ihren Müttern) – das reicht. Die obszöne Sprache ist gebannt.

Woher kam diese kleine seelische »Verbannung« eines miesen Kinderverhaltens? Was war die Ursache? Strafe, Einsperren, »stille Treppe«? Natürlich nicht. Die »Bannung« des falschen Verhaltens lag nur in einem winzigen Satz, auf den Sie den Kleinen gleichsam ein-, zweimal eingeschworen hatten und den Sie diesmal gar nicht zu wiederholen brauchten, er wirkte trotzdem: »*Ich hab dich so lieb!*«

Ordnung muss sein – nur eben nicht immer

Es gibt Eltern, bei denen ich das Gefühl habe, dass sie es geradezu darauf anlegen, sich über ihre Kinder zu ärgern. Eine Kleinigkeit reicht aus, und sie sitzen auf dem obersten Gipfel einer Palme, vermutlich einer höchst stacheligen, gemessen an ihrem verdrossenen Gesichtsausdruck.

Beispiel: Ein Kind spielt auf dem Spielplatz, Mama und Papa haben es sich vernünftigerweise in einer Eisdiele bequem gemacht. Sie müssen ja nicht die ganze Zeit frierend auf der Bank hocken. »*Um 17:00 Uhr bist du bei uns*«, lautete die Anweisung. Dazu hat man dem Kleinen, er ist neun Jahre alt, extra eine kleine Armbanduhr mitgegeben (hoffentlich eine billige, diese modernen Armbanduhren halten Spielplätze nur sehr begrenzt aus!).

Nun spielt er also, sagen wir Fußball oder Tischtennis, vielleicht hat er auch gerade ein völlig neues Spiel kennengelernt. Es geht dem Kleinen also um Wichtiges, geradezu Elementares im Kinderleben: gewinnen oder verlieren. Oder

Neues lernen *und dabei sogar noch gewinnen*. Eine »Eins« in Mathe verblasst kümmerlich dagegen.

Der Kleine vergisst die Zeit. Er kommt zu spät, verschwitzt, teils wegen seines schlechten Gewissens, teils aus Stolz über das gewonnene Spiel, rast herein, rammelt zweimal gegen den Tisch, dass die Eisbecher oder Cappuccino-Tassen nur so ruckeln und klappern (Gott sei Dank sind sie leer, der Kleine ist ja viel zu spät dran!) und schaut drein, als stünde ihm nichts Geringeres zu als mindestens ein Eisbecher – ansonsten gäbe es eigentlich nichts weiter zu bereden!

Ich sage es noch einmal, Ihnen als Eltern: Freuen Sie sich doch einfach ein bisschen. Worüber? Über Ihr Kind, verschwitzt, mit schlechtem Gewissen, das es jetzt schon fast vergessen hat, über seine stille Hoffnung auf einen Pinocchio-Eisbecher, beglückt über den Sieg im Tischtennis oder sonst was: Ein Wunder ist dieser Kleine, ein kleines Wunder der Weltgeschichte. Unfassbar, dass es ihn überhaupt gibt, ob pünktlich oder nicht. Vergessen Sie alle Prinzipien, Pünktlichkeit und was weiß ich. Sie sind, gemessen an diesem kleinen verschwitzten Gesicht und den frohen Augen, »Peanuts«. Nebensächlich! Zu vernachlässigen.

Außerdem hat das Kind – bevor Mama so richtig erzieherisch loslegt! – vorsichtshalber damit begonnen, seinen Sieg oder das neu erworbene Spiel in dramatischer Weise zu erzählen (allerdings nur, soweit der dann doch bestellte Eisbecher es zulässt). Eisbecher?, fragen Sie vielleicht, obwohl er doch viel zu spät dran war? Ist das denn vernünftig? Sieht so Erziehung aus? Antwort: *Es ist unvernünftig, macht aber Spaß.* Und nichts erzieht besser als gemeinsamer Spaß, vor allem im Eiscafé.

Er plaudert also, schluckt und plappert wieder, und wenn Sie nun die seelische Kraft aufbringen, alle wertvollen Tugenden wie die schon mehrmals aufgeführte Pünktlichkeit einfach zu vergessen, dann erfahren Sie lauter erfreuliche Dinge.

Zum Beispiel: Aha, mein Sohn kann sich also – entgegen den schriftlichen Mahnungen mancher Lehrer, die einmal pro Monat ins Haus trudeln – hervorragend konzentrieren. Er kann sich mit hoher Intensität auf seine verspielte Welt einlassen und, was Eltern ja so wichtig ist, dabei eine Menge an sozialer und sonstiger Kompetenz erwerben. Das hat er alles gezeigt in den dreißig oder vierzig Minuten, in denen Sie im Café auf ihn warteten. Das war es doch wert, oder?!

Aber so läuft es meistens leider nicht. Der Junge kommt vielmehr sieben oder acht Minuten zu spät, es kann auch eine Viertelstunde sein, sogar eine halbe, verschwitzt und beglückt von dem gelungenen Spiel. Und was findet er vor? Zwei zutiefst verdrossene Gesichter. Der Grund des Verdrusses: Er war nicht pünktlich. In der Zwischenzeit hätten Mama und Papa in aller Ruhe noch einen zweiten Cappuccino trinken oder sich ausnahmsweise einen guten Eisbecher genehmigen können. Sie hätten über Gott und die Welt reden können, wozu sie sonst doch nie kommen, sie hätten ihre Zeit genießen können. Aber sie hatten ja diesen moralischen Satz im Kopf: Der Junge muss pünktlich sein. Das muss er endlich mal lernen! Statt eines guten und freundlichen Zusammenseins fand ein immer tiefer verdrossenes, immer mehr von wechselseitig missbilligenden Blicken begleitetes Zusammenhocken statt.

Der Kleine bekam es dann ab, in Form von Schimpfen

oder gar Strafen, er erlebte »*die wohltuende Wirkung von Disziplin und klarer Führung*«, wie Bueb sich in seinem Buch ausdrückt (Bueb 2006, S. 65). Also findet er keine frohen Gesichter vor, aber genau das wäre wichtig gewesen. Dann hätte er zusätzlich zu dem, was er auf dem Spielplatz gelernt hat, noch etwas besonders Schönes erleben können: dass Mama und Papa immer noch eine Menge zu bereden haben und sich möglicherweise sogar richtig lieb haben. Ein wertvolleres Selbstbewusstseins- und Gewissens- und Sozialkompetenztraining gibt es auf Erden nicht.

Gute Erziehung hat viele kleine Geheimnisse

Fortwährende Nachgiebigkeit verführt die Kleinen zu Tricks, wie man sie bei jedem Banker und jedem Politiker studieren kann. Zu dem Trick nämlich, Bescheidenheit zu suggerieren, wo man in Wahrheit eine Forderung auf die nächste Forderung draufsetzt und den Forderungskatalog immer mehr anwachsen lässt. Nachgiebigkeit führt nicht zur Freude, sondern zu einem »*Ich will mehr*«, das letztlich in einer mürrischen Unzufriedenheit endet.

Das ist aber auch weithin bekannt.

Das starre Nein aus Prinzip ist hingegen auch nicht besser, und es hat besonders in Deutschland Tradition. Immer nur »Nein« sagen, stur und ohne Ausnahme, solch pingelig-starres Elternverhalten führt Kinder gerade nicht zur Einsicht, sondern dazu, dass sie *zu oft* enttäuscht sind. Und zu viele Enttäuschungen gehen rasch in Bitterkeit über. Auf diese Weise zerbröselt die hoffnungsvolle Liebe, die alle Kinder auf ihre Eltern richten, Stück um Stück.

Mit moralischen Prinzipien (und langen, langweiligen Ermahnungen, mit denen wir die Kleinen so oft überschütten) kommen wir überhaupt nicht weiter.

Ich schlage Ihnen etwas anderes vor: Machen Sie sich einmal klar, dass Sie als Mutter auch Frau und als Vater auch Mann sind, und zwar ganz unabhängig von den Kleinen. Sagen Sie mir nicht, das sei ja wohl selbstverständlich. Überprüfen Sie sich einfach einmal: *Wann haben Sie sich zuletzt nur als Frau – oder Mann – gefühlt und nicht immer zuerst als Mutter oder Vater?* Nun, ehrliche Antwort?!

Wir sind jetzt an einem ganz wichtigen Punkt. Sie sollen und dürfen sich klarmachen, dass Sie eigene Lebenspläne und Wünsche und Glücksvorstellungen auch ganz unabhängig von Ihren Kindern haben. Das ist Ihnen wahrscheinlich im Kopf auch ganz klar – nur kommt man eben nie so richtig dazu!

Ändern Sie das.

Mein Rat: Fangen Sie sofort damit an. Sie werden – zu Ihrer Überraschung – feststellen, dass Ihr »neues Lebensgefühl« von den Kleinen in aller Regel nicht nur akzeptiert wird, nein, die freuen sich darüber und passen sich an! Sie wollen ja Eltern, die einen eigenen Willen und ein starkes Wollen haben. Kurzum, wir haben als Eltern unser Leben viel zu sehr auf die Kinder ausgerichtet, und viel zu wenig auf uns selbst: auf all die fast schon vergessenen Wünsche, unseren ganz eigenen Lebensstil, unsere ästhetischen Vorstellungen, unseren Sinn für Schönheit und Nähe.

Dazu ein Beispiel, ein ganz simples: Sie machen am Abendtisch deutlich, dass Sie *endlich einmal* ruhige und freundliche, ja, freudige Gespräche führen wollen, zumal abends nach einem anstrengenden Tag. Dass Sie Wärme und Nähe in der abendlichen Runde mit Ihrer Familie erleben und genießen wollen.

Sie machen auch klar, was das heißt. Nämlich: Keiner redet hektisch und laut durcheinander, sondern lässt auch mal dem anderen das Wort, man überlegt, bevor man redet (gar nicht so einfach, für Erwachsene auch nicht!), man schaut einander an, wenn man spricht, und fühlt dabei, dass dies hier eine Familie ist, die *sehr gerne* zusammen ist und sein will. Sie wollen, dass ein abendlicher Tisch zu einem kleinen Fundament der Familiengemeinsamkeit wird.

Wir müssen uns ganz genau verstehen: Sie tun dies nicht deswegen, weil es pädagogisch wertvoll ist oder kürzlich in einem Eltern-Magazin so zu lesen stand. Sie tun und wollen es, weil das zu Ihrem Lebensglück gehört, zu Ihrer ganz persönlichen Vorstellung davon, wie Ihr Leben aussehen soll. *Erziehung spielt jetzt mal überhaupt keine Rolle.*

Das ist sehr wichtig!

Kinder haben nämlich ein enormes Feingefühl für »Authentizität«. Und für »so tun als ob« auch. Kinder wittern, ob es Ihnen um ein geglücktes inneres eigenes Erleben geht oder schon wieder darum, ein »gutes Vorbild« zu sein. Das Zweite langweilt, das Erste ist natürlich höchst interessant. Endlich zeigt Mama sich nicht nur als Mama. Sondern irgendwie anders.

Sie brauchen dafür eine gewisse »Anlaufzeit«, bisher drehte sich ja alles immer nur um die Kinder. Da müssen Sie sich erst einmal umgewöhnen, die Kinder auch.

Vielleicht fängt Ihr Kleiner vor lauter Aufregung über so viel Ungewohntes an, jetzt erst recht laut vor sich hinzuplappern. Jetzt nicht in alte Fehler zurückfallen, beispielsweise nicht anfangen zu »meckern« – Sie haben sich gerade entschlossen, nicht dauernd und ewig nur *eine Mama mit Erziehungsauftrag* zu sein.

Lassen Sie sich ruhig ein auf meine kleine Gedankenreise. Sie wollen Ihr inneres Bild, das von einem beruhigteren Leben, einem erfüllteren, einem attraktiveren, auf keinen Fall aufgeben. Sie denken gar nicht daran. Also herrschen Sie den Kleinen nicht an, wie Sie es vielleicht noch vor wenigen Tagen getan hätten: »Sei endlich mal still!« Sie bleiben, statt zum wiederholten Male »aus der Haut zu fahren«, ganz Sie selbst. Das imponiert.

Wir reden hier nicht von gewaltigen Umbrüchen oder irgendwelchem meditativ-esoterischem Zeug. Wir reden vom Alltag und darüber, dass sich im Alltag Glück verstecken kann.

Man muss es allerdings »mit der Seele suchen«, das Zitat ist nicht von mir, das ist von Goethe.

Sie schauen Ihren Kleinen an, schütteln leicht den Kopf und kehren danach ruhig und besonnen zu Ihrem eigenen Verhalten, Ihrer eigenen Sprache und damit zur Wärme des abendlichen Beieinanderseins zurück. Pointiert gesagt: *Sie lassen sich endlich einmal nicht als Antwortbeantworter Ihres Kindes behandeln, sondern geben sich wie ein richtig selbstständiger Mensch.*

Wie schwer Eltern das fällt, muss man mir nicht sagen. Ich weiß es, ich habe es selber ausprobiert.

Aber es geht!

Diese abendlich-warme Gemeinsamkeit ist nämlich auch für ein ewig plapperndes Kindermündchen ein erstrebenswertes Ziel. Kinder lieben Ruhe, man glaubt es ja nicht (allerdings nicht immer, irgendwann muss auch wieder »richtig was los sein«). Ganz ruhige Besonnenheit, Achtsamkeit und leise Stimmen, die Kleinen genießen das. Und dass Mama und Papa sich nicht nur als Erzieherpersonen, sondern als rundum eigenwillige Menschen darstellen, ist ja geradezu überwältigend!

So erst, in Ihrer ganz unpädagogischen Eigenart und Besonderheit, werden Sie von Ihren Kindern richtig ernst genommen. Fast schon wie Vorbilder.

So läuft das!

Also noch ein Beispiel, ein kräftigeres. Wenn Sie sich endlich mal wieder dazu durchgerungen haben, mit Ihrem Mann auf ein richtig großes Fest zu gehen und sich nicht hektisch in allerletzter Minute eingekleidet haben, sondern Zeit ließen, und wenn Sie sich dann, schick und gestylt, ganz Frau und ganz wenig Mutter, vor Ihrer kleinen Tochter am Spiegel anschauen, sich einmal, zweimal drehen und fragen: Na, sieht das gut aus?, dann — ich schwör's! — haben Sie innerhalb von wenigen Minuten mehr Respekt bei Ihrem Töchterchen erworben, als Ihnen tage- und wochenlanges Beharren auf Gehorsam und Disziplin und Meckern und Überfordertsein je eingetragen hätten.

Eigentlich will ich etwas ganz Einfaches sagen: *Das Leben mit Kindern ist schön, und Schönheit erzieht* (das ist nicht Goethe, sondern Schiller, stimmt aber trotzdem!).

Unser kleines Plappermaul lernt jetzt beispielsweise, dass es genauso ruhig und besonnen sein möchte wie Vater und Mutter am Abendtisch und mindestens so lebensstrahlend-attraktiv wie Mama gestern Abend, bevor die Eltern zu einem Fest gingen. Es lernt: Einfach mal die Klappe halten ist ein bisschen komisch, macht aber Spaß! Auch mal mit den kleinen Freundinnen achtsamer reden, sogar zuhören (ein völlig neues Lebensgefühl!), eine spricht immer erst nach der anderen. Das kann richtig interessant sein! Oder einmal als Zehnjährige auf die beste Freundin, die man schon seit dem Kindergarten kennt, schauen, ganz anders als sonst, und denken (wie bei Mama, als sie vor dem Fest vor dem Spiegel stand): Guck mal, eigentlich sieht die richtig hübsch aus. (Natürlich nicht hübscher als ich selbst, aber das ist ja klar!) *So erzieht man zur Achtsamkeit.*

Alles nur Beispiele, kleine alltägliche, unspektakuläre Chancen, bei denen uns auffällt, dass im Alltag Glück zu finden ist. Man muss halt die Augen aufmachen. Gute Eltern machen das vor, indem sie sich *auf sich selber besinnen* und nicht auf pädagogische Moral und Norm. Eltern sind das Urbild von Liebe für jedes Kind. Achtsamkeit und Glück kommen von keinem auf der Welt so innig wie von ihnen. Es sei denn, sie lassen sich ihr eigenes und das Lebensglück ihrer Kinder von Disziplinpädagogen ausreden. Dann ist ihnen nicht zu helfen.

So, das ist ein Beispiel für ein kleines Erziehungsgeheimnis. Davon gibt es viele.

Die Welt ist anders als die Schule

Ich hocke in einem Café, ein Vater mit seinem 13-jährigen Jungen kommt herein. Bevor sie die Mäntel ausgezogen haben, haben sie schon den Laptop aufgeklappt, bevor sie einen Blick in die Getränke- oder Speisekarte werfen, haben sie schon ein erstes Spiel oder einen Zugang zum Internet aufgerufen. Bevor das Leben um sie herum auch nur beiläufig zur Kenntnis genommen wurde, sind die beiden schon in den flackernden Bildern auf dem Monitor verschwunden. Dabei stellt sich folgende simple Frage: Derselbe Junge soll am nächsten Morgen 6 oder 8 Stunden in der Schule still sitzen, danach fleißig seine Hausaufgaben machen, die, nebenbei bemerkt, fast immer ohne ein einziges Bild auskommen. Derselbe Junge soll den Erklärungen eines Lehrers zuhören, stundenlang.

Inzwischen kommt ein Ehepaar hinzu, ein befreundetes offenbar, aber Vater und Sohn heben kaum den Kopf, nicken abwesend und sind schon wieder in ihrer virtuellen Welt, in der es weder Zeit noch Raum gibt, verschwunden. Derselbe Junge soll am nächsten Morgen pünktlich – und zwar exakt auf die Minute pünktlich – am Schultor stehen, sonst darf er eine Stunde an der Tischtennisplatte verweilen. Dämmert es manchen Pädagogen – wenn natürlich auch nicht dem Jugendamt und der Schulbehörde der Stadt Duisburg und schon gar nicht ihrem cleveren Disziplin-Coach –, dass man zur Bewältigung der tatsächlichen Probleme, die mit sozialem Verhalten und sozialer Rücksicht zu tun haben, anders vorgehen müsste als durch »Draufhauen« wie 4-Jährige mit ihrem Schäufelchen im Sandkasten?

Eltern müssen auch mal den Mund aufmachen

Ein einfacher Ratschlag, der, wie solche Ratschläge oft, eine Menge Ärger ersparen kann – Ihnen und Ihrem Kind. Den Lehrern übrigens auch.

Merkwürdigerweise haben wir die Eigenart, unseren Kindern nahezu passiv – als seien wir ganz und gar ohnmächtig – zuzuschauen, wie sie irgendwelchen Blödsinn vorbereiten oder sich in üble Situationen begeben. Das mag eine beginnende Rangelei auf dem Schulhof sein, von der man schon weiß, dass zwei Erzfeinde aufeinandertreffen werden und das Ganze nicht gut ausgeht. Das kann aber auch nur ein spontaner Einfall sein, den Kinder zum Quietschen komisch und spannend finden und wir Erwachsenen einfach nur riskant, unfair oder nervtötend.

In solchen Fällen haben die meisten Eltern, und oft auch Lehrer, die Eigenart, die Kinder zunächst einmal »machen zu lassen«.

In Schulen fällt das besonders auf, wenn Lehrer manchmal tagelang zusehen, wie Kinder ohne Hausarbeiten in die Schule trotten, dann die Eltern benachrichtigen oder auch nicht (das ist von Schule zu Schule sehr unterschiedlich) – irgendwann jedenfalls gibt es ein ernsthaftes Erziehungsgespräch mit Klassenlehrer und Rektor, und manche Eltern fallen bei der Benachrichtigung buchstäblich aus allen Wolken!

Hier läuft natürlich alles völlig falsch. Andersherum wäre es richtig. Nämlich so: Einschreiten! Rechtzeitig, und das heißt, lange bevor etwas Ernsthafteres passiert ist oder zu passieren droht.

Wir müssen uns einfach angewöhnen, einem Kind unsere Wünsche (wenn sie denn wirklich wichtig sind) oder unsere Anordnung (wenn sie unbedingt notwendig ist), klarzumachen, *bevor* wir uns selbst bereits unter Spannung gesetzt haben. *Dann* ist nämlich eigentlich schon alles zu spät. Jetzt sind wir heimlich schon nervös, haben lauter kleine Befürchtungen: »Wird es gleich wieder ein Riesentheater geben? Wie wird der Kleine reagieren? Gestern gab's schon mal so einen gewaltigen Streit, o Gott, bloß heute nicht wieder. Nicht wieder so ein Riesentheater!«

Der Vater reagiert schon genervt, wenn er nur laute Stimmen aus Küche oder Kinderzimmer hört. Manchmal hält er sich ganz zurück, was Väter ausgesprochen gern tun, manchmal platzt ihm aber auch der Kragen und er kommt in die Küche gestürzt, um den Mutter-Kind-Konflikt »mal kurz und ein für alle Mal« zu klären.

Beides ist falsch. Grundfalsch. Väter sind oft (aber nicht immer) miserable Konfliktlöser, ganz besonders dann, wenn sie den Eindruck haben, sie müssten »die Sache in den Griff« bekommen. Miserable Mediatoren, um es einigermaßen höflich-anspruchsvoll zu sagen! Man sollte sie in solchen Momenten glatt aus der Eltern-Kind-Kommunikation und am besten ganz aus dem Zimmer verbannen.

Ich meine das ganz ernst. Ich weiß, dass sämtliche Familienratgeber und alle Eltern-Magazine darauf bestehen, dass Konflikte in einer Familie *gemeinsam* besprochen und gelöst werden sollten und dass dem Vater dabei eine ganz wichtige Rolle zukommt ... das ist auch alles richtig. Nur eben manchmal nicht.

Manchmal ist es viel sinnvoller, wenn die Mutter sich freundlich ihrem hoffentlich geliebten Gatten zuwendet, der soeben mit hochrotem Kopf und leicht verwirrtem Gesichtsausdruck in Erscheinung tritt, und Folgendes anmerkt: »Schatz, geh bitte Zeitung lesen«, oder so ähnlich. Vielleicht so: »Sag bloß, das Fußballspiel ist schon zu Ende.«

Dieser weiblich-nachsichtige Satz kann in glücklichen Fällen den vorausgegangenen lautstark ausgetragenen Mutter-Sohn-Konflikt aus der Welt schaffen, als hätte es ihn nie gegeben. Warum? Weil Söhnchen an der zwar liebevollen, aber doch recht energischen und leicht ironisch gestimmten Bemerkung von Mama (»Wie steht's denn beim Spiel?« Oder: »Ist der DAX schon wieder abgestürzt, schau doch bitte mal, die Zeitung liegt in deinem Arbeitszimmer«), also der weiblichen Zurückstufung der »männlichen Autorität« auf ein vernünftiges, realistisches Maß, seine ungeteilte Freude hat. Söhnchen lacht still in sich hinein, weil er sonst laut loslachen würde – aber das traut er sich nicht. Das ist auch richtig so!

Mit leicht verlegenem Grinsen hinüber zu Mama, die lächelt versöhnlich und leicht verschwörerisch zurück, haben die beiden sich auf Kosten des armen Mannes urplötzlich wieder ganz lieb. Die ganze lautstarke Differenz zwischen Mutter und Sohn, über die beide sich noch vor fünf Minuten in die Haare bekommen hatten – wie weggepustet.

Was lehrt uns das? 1. Dass die meisten Konflikte gar keine sind, jedenfalls keine ernsthaften, deshalb muss man auch nicht jedes Mal wieder laut werden, und 2., dass manchmal diejenigen, die mit ihrer strengen Autorität ein klein bisschen lächerlich wirken, überhaupt die besten Konfliktlöser sind.

Nun gibt es aber noch eine andere Seite. Die schauen wir uns auch noch an. Mir ging es ja um das zeitige »Intervenieren«. Heißt, ich wiederhole es: Vor Sorge um den familiären Frieden und vor lauter Müdigkeit, weil wir das ewige Streiten leid sind, unterdrücken wir unseren aufsteigenden Unmut so lange, bis er zu einem handfesten Zorn angewachsen ist.

Merkwürdigerweise haben wir – keineswegs nur Eltern! – diese Eigenart: Wir warten und warten, irgendwann steigt der Ärger in uns hoch, irgendwann schwillt uns der Kamm und wird knallrot, und erst dann krächzen wir die ersten Schimpfworte hervor. Dann ist es zu spät! Dann muss der Konflikt durchgestanden werden, wovon die Welt auch nicht untergeht.

Drehen wir das Ganze um, wird ein Schuh daraus: ganz früh intervenieren, mit ganz ruhiger und gelassener Autorität, die jeder kleine Junge oder jedes kleine Mädchen seinen Eltern entgegenbringt (lesen Sie dazu den nächsten Abschnitt »Gehorsam aus Liebe«). Mit wenigen Worten, bestimmter (aber nicht herrischer) Stimme tragen Sie Ihrem Kind Ihren Wunsch oder auch die notwendige Anordnung vor – Sie sollten aber ganz, ganz sicher sein, dass Ihr Wunsch ein wichtiger Wunsch und die Anordnung eine dringende Anordnung ist. Danach bleiben Sie einen kurzen Augenblick stehen und schauen, ob der Wunsch auch erfüllt und die Anordnung auch befolgt wird. Sie wirken dabei bitte nicht wie ein Aufsichtsbeamter, sondern wie eine liebevolle Mutter, die genau verstanden hat, welch eine Zumutung es für ein Kind sein kann, mitten aus seinem Spiel herausgerissen zu werden. Dann wird der Wunsch oder die Anordnung nicht zu einem Konflikt. Und dann atmen Sie beide auf, Sie und Ihr Kind.

Gehorsam aus Liebe

»Ich habe Mama lieb, also gehorche ich« – oder aber: »Mama hat mich überhaupt nicht lieb, vielleicht nie wieder« – also weint und trotzt ein Kind, ist wütend und wirft mit allen erreichbaren Gegenständen um sich. Und täuschen wir uns nicht: Was ich hier noch relativ unbeschwert über die ganz Kleinen sage, dass gilt für die Achtjährigen ebenso, für die Dreizehnjährigen am Beginn der Pubertät erst recht. Kurzum, solange ein Kind sich geliebt und geborgen fühlt, so lange mag es Konflikte geben, aber niemals unlösbare.

Letztlich will es nicht, dass sich dieser gute, schützende Zustand wirklich ändert, letztlich will es »gehorchen«, hören und schauen und alle Sinne und seinen kleinen Körper anspannen, hin zu diesen allerwichtigsten Menschen: Mama. Papa. Aber sobald ein Kind sich ausgeliefert, abhängig und wütend, ohnmächtig und abgelehnt fühlt, werden kein pädagogischer Trick und keine Psycho-Methoden dieser Welt dieses Kind zum »Gehorsam« überreden, ihn schon gar nicht mit disziplinarischen Mitteln erzwingen.

Natürlich sind das kindliche Leben und die kindliche Entwicklung ein bisschen komplizierter. Ich will sie im Folgenden in ganz groben Strichen nachzeichnen. Am Ende werden wir allerdings zu unserer allerersten Feststellung zurückfinden. Geliebte Kinder sind im Prinzip gehorsam, ich erkläre gleich, warum das so ist, und Kinder, die sich – zu Recht oder Unrecht – nicht wirklich geliebt und geborgen fühlen, die machen uns Kummer. Mangel an Disziplin ist noch das wenigste, viele von ihnen werden auch krank, seelisch krank. Und manchen ist dann mit allen therapeutischen Anstrengungen nicht mehr zu helfen. Das ist, nebenbei bemerkt, der Grund dafür, dass manche Passagen, in denen ich mich mit übertriebener Disziplin und Ordnung auseinandersetze, so zornig klingen. Sie machen die

Kinder unglücklich, manche erkranken seelisch dabei. Und sie stören das glückliche Leben einer Familie, manchmal für immer.

Wir Menschen müssen alles lernen, sogar unsere Gefühle. Die Erforschung der vorgeburtlichen Verfassungen ist noch jung, ihre ersten Ergebnisse bestätigen aber, was wir seit einem halben Jahrhundert aus der Bindungsforschung wissen. Und seit mehr als einem Jahrhundert aus der Tiefenpsychologie auch.

Gefühle lernen, wie stellen wir uns das vor? Ein Neugeborenes und Kleinkind benötigen Fürsorge, Nahrung und Wärme – darin unterscheiden sie sich von neugeborenen Säugetieren nicht. Aber ein kleines Menschenwesen braucht mehr, es benötigt »Anerkennung«. Anerkennung ist ein Wort aus der Fachsprache, mir kommt es viel zu nüchtern vor. Ein Kind muss sich geliebt fühlen. Mama schaut mich an, ganz liebevoll und froh, jetzt durchflutet mich ein Gefühl von Freude. Jetzt lerne ich, was Freude ist. Mama schaut traurig, oder ihre Augen sind leer (beispielsweise während einer postpartalen Depression). Jetzt spüre ich Trauer und eine unendliche Leere in mir.

Im feinfühligen Austausch von Blicken und Lauten, von Nähe und Körper, von einer unendlichen Summe von Empfindungen reift das kindliche Selbst. Es lernt Freude, es lernt Trauer, es beginnt sich zu wehren, wenn es hungert und Mama nicht rasch genug herbeieilt, es empfindet Ohnmacht und Versöhnung. Es ist alles schon da. Und alles wird geformt, alles wird zur Grundlage des späteren »Selbst« durch den feinfühligen Austausch mit Mama.

»Mama schaut mich an, ich fühle Freude« – das ist das eine. Aber ein Kind reagiert auch, und zwar auf die Mutter und auf seine innere körperliche und seelische Verfassung gleichzeitig. Ein Kind strampelt vor Vergnügen, weil Mama so hübsch lächelt. Jetzt lächelt Mama noch mehr. Das Kind lernt, dass es mit seinem breiten Lächeln aus seinem kleinen Babygesicht und seinem Strampeln Mama beeinflussen kann. Jetzt lernt es sich zweifach kennen, einmal in Abhängigkeit von der mütterlichen Freude oder Trauer oder Depressivität, zum anderen lernt es aber auch, wie es mit Körper, Gestik und Mimik Mama und damit – für ein Kleinkind – »die ganze Welt« beeinflussen kann.

Die mütterlichen Reaktionen, Freude und Ärger, Abwehr und Müdigkeit oder Stolz »modulieren« das erwachende Selbst eines Kleinkindes. Zugleich aber lernt dieses Kind, immer vielfältiger, immer genauer die mütterlichen Befindlichkeiten nicht nur zu spiegeln, sondern zu verändern, zu beeinflussen, behutsam zu »formen«. Aus beidem lernt es sich selber kennen, jetzt will ich strampeln, vielleicht lächelt Mama dann wieder. Jetzt trainiert das Kind die Anspannung seiner Muskeln, die Verläufe der nervlichen Empfindungen, zugleich mit seiner seelischen Verfassung spürt es seinen Körper, immer genauer, immer zuverlässiger, immer gleichmäßiger. Das Selbst des Kindes stabilisiert sich im freien Austausch mit der Mutter, nach wenigen Wochen können andere liebevolle »Bezugspersonen« (was für ein grobes Wort für so viel fein verwobene Empfindlichkeiten) zeitweise an ihre Stelle treten.

Das Kind hat im Verlauf dieser ersten ca. 18 Lebensmonate ein Gefühl für sein eigenes Selbst aufgebaut – noch kein Ich-Bewusstsein, kein Selbst-Bewusstsein. Aber immerhin ein Ich-Gefühl. Im Zentrum dieses Ich-Gefühls stehen diese feinfühligen Kommunikationen, anfangs und möglichst lange und möglichst regelmäßig mit Mama, später auch mit anderen. Das Kind hat, anders gesagt, ein »gutes Mutterbild« in sich aufgenommen. Dieses gute innere Bild ist immer »da«, im Körpergefühl, beim Strampeln, bei den ersten Lauten und Worten, beim Lächeln und beim Weinen. Das *»gute Mutterbild« ist die Substanz seines Ich-Gefühls.*

Papa ist in der Zwischenzeit auch immer wichtiger geworden. Unser Kind richtet sich auf, wackelig und tollpatschig, aber es will sich auf die eigenen Beine stellen, es will sich der Welt stellen. Was für ein gewaltiges Abenteuer. In dieser Phase suchen viele Kinder verstärkt die Bindung zu Papa. Papa (oder wiederum eine sehr vertraute Bindungsperson) muss nämlich diese befremdliche abenteuerliche Welt erklären, zeigen, deuten, im Spiel erobern. Das ist keine Kleinigkeit.

Nehmen wir ein Beispiel: Papa und Tochter bauen Türme aus Bauklötzen. Mit vergnügtem Lachen fegt die Kleine den schönen, wohlgeformten Turm gegen die Wand, ein Bauklotz erregt ihre Aufmerksamkeit. Jetzt robbt sie los. Während sie sich zielsicher auf diesen einen Bauklotz, den sie aus welchen Gründen auch immer ins Auge gefasst hat, zubewegt, nimmt sie mit ihrem ganzen Körper, mit Muskeln und Nerven und allen »Verschaltungen« ihres kleinen Gehirns in sich auf, was Entfernungen sind, Perspektiven, Dimensionen.

Welch gewaltige Anstrengungen für Körper und Geist der Kleinen! Sie lernt jetzt, ganz abstrakt gesagt, was ein »Raum« ist, welche Ordnungen es im Räumlichen gibt. Sie lernt, dass sie selber ein Körper ist, der umgeben ist von anderen Körpern. Die Gesamtheit dieser seelisch-geistigen

Vorgänge ist hochkomplex. Ich kann sie hier kaum annähernd skizzieren.

So ein Bauklotz ist ein kleines Wunderwerk, das Kind betastet die harte Kante, die kühle Fläche, fortwährend speichert es dabei Erfahrungen seines Körpers und seines Intellekts, zugleich wird auch seine Sprache immer genauer. Vielleicht sagt es jetzt »Kotz«, statt »Klotz«, was für zahllose Erzählungen im Verwandtschaftskreis bis ins 20. Lebensjahr des bedauernswerten Wesens ausreicht.

Während ein Kleinkind an Mamas Brust saugt, schaut es mit aufmerksamen Augen auf ihr Gesicht; wenn es sich an einem Tischbein hochzieht und das allererste Mal auf eigenen Beinen steht, blickt es stolz um sich: Seht mal alle her – und wenn es auf seinen Beinchen durchs Zimmer wackelt, um den kullernden Bauklotz zurückzuholen und mit seinen Händen zu erkunden, dann schaut es auf Papa – sieht der auch, was ich alles schon kann?

Inzwischen haben die Gehirnforscher ebenfalls herausgefunden, was den analytischen Entwicklungspsychologen seit Langem bekannt war: Jede Handlung, jeder Schritt weiter und weiter in ein bewusstes Kinder-Ich hinein, wird von den Kleinen nur dann verinnerlicht, nur dann ganz empfunden und als Teil des eigenen Selbst aufgenommen, wenn eine einzige Voraussetzung erfüllt ist: das Urvertrauen (René A. Spitz) in Mama mitsamt den ersten Gefühlen und Selbst-Empfindungen und die Geborgenheit und Ordnung, die Papa stiftet (und vice versa). Anders gesagt: Das verinnerlichte »gute« Mutterbild und das »gute« Vaterbild sind die Voraussetzung dafür, dass ein Kind seine Gefühle lernt und damit sich selber erfährt, dass es die Grundlagen der Ordnung der Welt – Zeit, Raum, Sprache – in sich aufnimmt. Ohne diese verinnerlichten Bilder der überragenden Gestalten einer frühen Kindheit gibt es kein Selbst, keine innere Verlässlichkeit, keine Gefühlsgewissheit. Überhaupt keine Gewissheiten, nur Unruhe, nur das Gefühl, fremd auf der Welt zu sein. Nie und nirgends zu Hause.

Mutter und Vater – genauer: das gute Mutterbild und das gute Vaterbild – sind gleichsam im Kern des kindlichen Selbst verankert, ohne beide gibt es kein stabiles Selbst, kein waches, frohes Ich-Gefühl.

Kein Kind will sich von sich »selbst« trennen, kein Kind will seine innigsten Bindungen infrage stellen, kein Kind will Mama und Papa und die in ihm »repräsentierten« inneren Bilder verlieren. Dies, und nur dies, ist der Grund für kindlichen Gehorsam.

Ich habe dies in anderen Publikationen (zuletzt in dem Büchlein »Halt mich fest, dann werd ich stark«) ausführlich dargestellt. Im Zusammenhang unseres Themas halte ich nur dies fest: Eltern können sich ganz fest darauf verlassen, dass ihr Kind sie liebt. Es kann nicht anders, es ist gleichsam in das Überlebensprogramm der Kinder eingeschrieben.

Diese Liebe ist keineswegs simpel, sie hat ihre Konflikte, ihre Widersprüchlichkeiten usw. Aber sie ist verlässlicher als Mond und Sonne.

Freilich, wer den Disziplinideologen folgt, wer sein Kind auf den »stillen Stuhl« schleppt, wer es mit Konsequenzen vergleichbar der Dressur eines Hundes belegt, wer es bereits in seinen allerersten Lebensäußerungen begrenzt, nicht spiegelt und fördert, sondern seine pychischen Funktionen ständig trainieren will, der beschädigt meiner Meinung nach diese guten inneren Bilder. Der zerschlägt den inneren Spiegel, in dem ein Kind sich selbst, Mama und Papa und die Welt immer gleichzeitig anschauen und erkennen will. Der erzeugt zwanghaft »ungehorsame«, das heißt weltverlorene, haltlose Kinder. Der zerschlägt mit dem Gehorsam zugleich eine glückliche Kindheit.

Wiesen, Felder und ein kleiner Teich – hier lernten wir Ordnung

Bernhard Bueb ist der Meinung, dass eine Gruppe von Kindern oder Jugendlichen, wenn man sie ohne die Kontrolle von Erwachsenen lässt, in ein wildes Chaos verfällt, sich also in eine dissoziale, aggressive Horde verwandelt (GEO, S. 142). Das ist natürlich nicht richtig.

Die meisten Jungen meiner Generation hatten das Privileg, sich ohne irgendeine erwachsene Aufsicht auf Straßen und in Gärten oder, wenn sie auf dem Land wohnten, in Wäldern herumzutreiben oder in irgendwelche Felder und Wiesen zu verkrümeln – ich erinnere mich an eine wunderschöne Kinderspiellandschaft mit einem großen Teich und einem aggressiven Schwan mittendrin! Hier herrschte eine höchst »authentische« Kinderkultur.

Was war daran so eindrucksvoll, was war so bewegend und so ungemein zur Selbstverantwortung stimulierend? Natürlich die Tatsache, dass sich, abgesehen von einem Förster, unserem natürlichen Feind, weit und breit kein Erwachsener blicken ließ.

So lebten wir eine »Kultur«, in der unsere Impulse – und zwar alle, auch die aggressiven, auch die tobenden, die maßlosen – gelebt wurden. Mit Heftigkeit *und* Rücksicht.

Denn wie alle Menschen – sofern sie nicht hungern oder frieren oder aus ihrer Heimat vertrieben sind – gaben wir Kinder uns selber einen Rahmen sozialer Ordnung, sonst wäre unser kleines Paradies ja in null Komma nix zerbrochen. Das wollten wir nicht.

Ja, wir haben in territorialen Kämpfen mit den Jungen aus der Vorstadt mit selbst geschnitzten Schwertern aufeinander eingedroschen, dass uns jeder moderne Kinderpsychiater reihenweise mit der ADHS-Diagnose in die Klinik eingewiesen hätte. Ja, ich kam Abend für Abend mit einer so heiseren Stimme nach Haus, dass meine besorgte Mutter mich zum Arzt schicken wollte. Dabei war ich doch nur Torwart in unserer Jungengruppe, und ein Torwart – Oliver Kahn hat mir das später nachgemacht – muss seine Vorderleute zusammenstauchen.

Kurzum, wir lebten nicht nur freier, wir erlebten uns intensiver, nachhaltiger, wirkungsvoller, als wir es je getan hätten, wenn fortwährend ein besorgtes pädagogisches Auge auf uns geruht hätte. Gab es Chaos und letztlich Dissozialität, wie der Disziplinpädagoge vermutet? Das Gegenteil war der Fall. Wir gaben uns eine eigene Ordnung, die zugleich dem Schutz unseres Miteinanders diente und unsere tiefsten Impulse, unsere waghalsigsten Ideen und unsere Körperkraft und unsere Emotionen heftig zum Ausdruck brachte. Heftig, aber eben nicht ungehemmt. Statt seelischen und sozialen Chaos war es genau umgekehrt. Nie wieder habe ich mich so pingelig an die kleinen Tabus, die wir uns auferlegten, und grundsätzlichen Regeln, denen wir alle zu folgen hatten, gehalten wie in unserem Wald oder am Rande des schönen Teiches mitten in den Wiesen.

Eine Fußgängerzone einer durchschnittlichen Großstadt ist, verglichen mit unserem spielerischen Lebensgelände damals, eine Einübung in Asozialität.

Die permanente Kontrolle von Erwachsenen ist eher eine Gefahr. Der ewig kontrollierende Blick führt dazu, dass zu viele von den Impulsen unterdrückt werden und sie dann aufbrechen, wenn die Kontrolle wegfällt. Die neofaschistischen Horden sind ein Beispiel dafür.

Wenn wir von tyrannischen Kindern reden, dann sollten wir bitte nicht von »Psychenverschmelzung« und Ähnlichem sprechen, sondern uns ernsthaft den Kopf darüber zerbrechen, wie wir unseren Kindern eigene Spiel- und Lebensplätze zur Verfügung stellen können – das ist für die meisten Eltern heute ja nicht möglich. Das wäre eine Aufgabe der Gesellschaft, der Gemeinschaft, weder billig noch einfach, aber lohnend. Viele der kleinen und großen Reibereien entstehen schlicht durch das viel zu enge Zusammenhocken von Eltern und Kindern bzw. Schülern und Lehrern usw. Den ganzen Tag geht man sich auf die Nerven, daran sind auch schon unter Erwachsenen die schönsten Liebesgeschichten gescheitert.

Disziplinpädagogen ist das natürlich gar nicht recht. Erstens können sie sich unter kindlicher Freiheit nichts vorstellen, und zweitens drängt es sie ja nach Kontrolle, Überwachen, Disziplinieren usw.

Aber es ist schon so: Eine Ordnung – eine seelische, eine soziale –, die von außen erzwungen wird und nicht von innen, die nicht aus dem heftigen Erleben der Kinder, aus ihrem vibrierenden Lebenswillen kommt, kann immer nur oberflächlich sein. Sobald die Autorität nicht anwesend ist oder sich nicht mächtig durchsetzt, zerbricht diese Ordnung, sie hat ja kein moralisches, verinnerlichtes Fundament. Sie ist ja letztlich eine Zwangsordnung. Jeder Mensch bricht auf irgendeine Weise jeden Zwang, wenn es ihm möglich wird – Kinder machen da keine Ausnahme. Und erst dann entsteht, was Bueb Kindern als ihre Natur unterstellt: Solche losgelassenen, aus der autoritären Aufsicht entlassenen Kinder und Jugendlichen finden kein Halten mehr. Sie haben nie gelernt, ihre Aggressivität in kindlichem Spiel und halbem Ernst auszuleben, und erst jetzt schlagen sie auch noch auf den ein, der schon auf dem Boden liegt. Bei uns damals undenkbar, ein Tabu! Jetzt richten sie ihre gestaute Wut gegen alles, was diese Ordnung verkörpert, wenn sie sich nur stark genug fühlen.

Die ewige Beaufsichtigung von Kindern durch Erwachsene – übrigens ein Problem von Ganztagsschulen, kluge Pädagogen wissen: ein ungelöstes – erzeugt vor allem Unsicherheit, Unbeholfenheit und mangelndes Selbstgefühl. An der Eingangstür von solchen Kneipen, die wegen ihres Flatrate-fließenden Alkohols von Jugendlichen umlagert werden, kann man sie beobachten, diese aus aller Obhut innen und außen losgerissenen jungen Menschen. Auf manchen Bahnhofsvorplätzen auch.

Wenn die fortwährende Aufsicht dann auch noch mit Disziplin und Strafe daherkommt, dann sind solche Jugendlichen, solche Jugendgruppen mit asozialem Zorn vollgestopft. Dann schlagen sie einfach nur um sich, wann und wie immer es ihnen in den Kopf kommt.

Disziplinpädagogik wirkt vielleicht verführerisch, weil sie so einfach erscheint. Man muss nur bis drei zählen, um ihre Begründungen zu verstehen. Aber die Psyche von Heranwachsenden ist schwieriger, dazu gehört schon ein klein wenig seelische Algebra. Jene Erwachsenen, ob Eltern oder Pädagogen, die dem Disziplingeschrei folgen, bekommen ihre Rechnung präsentiert.

Zwei Kinder und nur eine Liebe

Eltern möchten gern »gerecht« zu ihren Kindern sein. Aber das ist schwierig, eigentlich gar nicht möglich. Vielleicht ist das Wort »Gerechtigkeit« auch ganz fehl am Platz. Wir müssen herunterkommen von der Position, in der wir uns dem Verhalten unserer Kinder nur als Beurteiler, Autorität und Richter nähern. Auf diese Weise kommen wir nie zu vernünftigen Lösungen. Ich will dies an einem Beispiel erklären.

Auf einem Bahnhof sehe ich eine – offensichtlich recht liebevolle, ihren Kindern zugewandte – Mutter, zwei Söhne hat sie, der eine etwa vier und der andere etwa zwei Jahre alt. Nun ist es beinahe unmöglich für diese Frau, dass sie mit ihrer Aufmerksamkeit und Zuwendung beiden »gerecht« wird. »Gerecht« ist ein viel zu verobjektivierender, viel zu äußerlicher Begriff.

Selbstverständlich gelingt es ihr auch nicht. Eigentlich ist sie fortwährend mit dem 2-Jährigen beschäftigt. Mal übt sie die ersten unvertrauten Gehschritte mithilfe eines herumstehenden Gepäckwagens, was dem Kleinen viel Freude macht und tatsächlich große Geschicklichkeit abfordert.

Ein hübsches Bild, wie er dort, an der Hand seiner Mutter gehalten, die schwierigsten Geh- und Turnübungen ausprobiert. Und der andere, der Größere?

Der steht die ganze Zeit daneben, mal starrt er in die Luft, mal entdeckt er irgendetwas, und mit der Aufgeregtheit eines 4-Jährigen zerrt er an Mamas Rock: »*Schau doch mal her, was ich gesehen habe.*«

Wie gesagt, diese Frau ist ihren Kindern zugewandt, es ist nicht so, dass sie den Jungen abweist, nein, sie schaut mit ihm gemeinsam in die Richtung, in die er gezeigt hat, streichelt ihm kurz über das Haar. Und dann? Dann wendet sie sich wieder dem Kleineren zu. Es ist gar nicht zu übersehen: Der 4-Jährige fühlt sich, ohne dass er dies bewusst wahrnimmt oder wahrzunehmen sich trauen würde, zur Seite geschoben, er kommt immer an zweiter Stelle.

Wenn man genau hinschaut bemerkt man, wie sehr dieses Kind seine »zweite Position« bereits verinnerlicht hat. Seine Bewegungen, seine Gesten sind gehemmter, sehr viel kontrollierter als die des kleinen Bruders. Das hat nicht nur mit dem Altersunterschied zu tun.

Schon ist die Mutter wieder dabei, ihren kleinen Sohn von dem rollenden Gepäckwagen wegzuziehen, ihm irgendetwas in die Hand zu drücken, usw., usw. Ein allgemein pädagogischer Satz wie »*Eine Mutter muss ihre Zuwendung gleichmäßig verteilen*« besagt überhaupt nichts. Sie braucht eine Stütze dafür, eine gewisse Erinnerungshilfe, die sie von dem Kleinen immer wieder zurücklenkt zu dem Größeren.

Die allerbeste, die allerinnigste, die mir dazu einfällt, wäre folgende: Die beiden Jungen sind einander sehr ähnlich. Das ist bei kleinen Brüdern mit geringem Altersabstand in der frühen Kindheit oft der Fall. Die Züge des Älteren sind schon ein wenig ausgeprägter, die Tatsache, dass er sich ständig an zweiter Stelle fühlt und damit zufriedengeben muss, hat ihn wohl auch ein wenig »vernünftiger«, heißt: weniger »kindlich«, werden lassen, während der Kleine quietschvergnügt und uneingeschränkt seine Kindlichkeit auslebt.

Aber ihre Gesichter sind ähnlich. Wie wäre es denn, wenn die Mutter, sobald sie auf den Kleinen blickt, eine kleine, winzige innere Übung vollzieht. Sie sieht im Gesicht ihres kleinen Sohnes den größeren Sohn wieder, sie erkennt im Gesicht ihres großen Sohnes die Züge und die Mimik ihres kleinen Sohnes. Kurzum, sie versucht, mit dem Anschauen und Spielen des einen sich des anderen zu ver-»gegenwärtigen«.

Ihre Aufmerksamkeit wird dadurch nicht unruhiger, nicht hin- und herspringend, sondern ganz im Gegenteil: Ihre Aufmerksamkeit wird gleitend. *Jetzt schaue ich den Kleinen an, aber er, der Große, war vor zwei Jahren doch genauso, nun schaue ich mit dieser liebevollen Erinnerung im Blick auf den Großen.* Er spürt diesen Blick, keine Frage, er atmet ihn ein. Er fühlt sich in dieselbe Reihe gestellt wie der Kleine. Nein, die typischen Ungerechtigkeiten, die sich zwischen Geschwistern immer einstellen, sind damit nicht beendet. Aber sie sind doch ein Stück ausgeglichen.

Was würde passieren, wenn die Mutter weniger bemüht, weniger selbstkontrolliert wäre, was würde denn passieren, wenn sie den »Großen« noch ein wenig mehr zur Seite schieben würde, noch ein wenig mehr in die zweite Reihe stellen würde? Ist es nicht wahrscheinlich, dass der heute 4-Jährige mit 6, 7 oder 8 Jahren ganz und gar aus dem Ruder läuft?

Dass es ihm, der es nicht gewöhnt ist, im Zentrum der Aufmerksamkeit zu sein, in der Schule unendlich schwerfällt, Aufmerksamkeit aufzubringen und nicht aus dem Fenster zu starren, nicht gedankenvoll vor sich hinzudösen oder einfach »draufloszureden«? (Er hat ja unbewusst in seiner Kindheit eingeübt: Auf das, was ich sage, kommt es sowieso nicht an, mir hört keiner zu! Also redet er auch jetzt einfach drauflos und ist möglicherweise ganz überrascht, eine Reaktion zu bekommen – leider ist es schon wieder eine negative!)

Wäre es nicht sehr wahrscheinlich, dass er nach einer ellenlangen Latte von Ermahnungen und möglicherweise einem ersten Versagen in der Schule immer unruhiger wird, hektischer, überaktiv?

Ist es nicht wahrscheinlich, dass aus diesem Jungen, wenn die Voraussetzungen seines Lebens nur eine Spur ungünstiger ausfallen würden, als sie es allem Anschein nach tun, dass dieser Junge dann ein »kleiner Tyrann« wäre? Und wie würden Winterhoff und die ganze Disziplinfraktion auf ihn reagieren? Was hätten sie vorzuschlagen?

Nun, wir wissen es: diese Tyrannen mal an die Kandare nehmen, jetzt aber mal weg von der Verwöhnung, jetzt aber Disziplin. Und Strafen, natürlich! Wo kommen wir denn sonst hin? Sollte das beschriebene Duisburger Deeskalationsmodell um sich greifen, würde dieses Kind vielleicht alle zwei, drei Tage an der Tischtennisplatte stehen, »bei jedem Wetter«, die Hand auf die Platte gepresst. Zornig und stumm. Was würde wohl angesichts der versammelten Pädagogen-Kohorten aus solch einem Jungen? Die Antwort liegt klar auf der Hand: ein Opfer und ein Schläger.

Prügeln und spucken und kratzen – und auf einmal sind alle ganz friedlich

Gestern war sie noch ein kleiner Sonnenschein, immer gut gelaunt und Papas Liebling – und heute? Mürrisch, aggressiv, auf ihre Fragen bekommen die Eltern keine Antwort.

Ja, sagen alle diejenigen, die für Disziplin, Ordnung und Gehorsam sind, da muss man halt strafend, kontrollierend, lenkend und das Lenken wiederum kontrollierend dazwischengehen. Zweifellos der sicherste Weg, aus einer begrenzten Entwicklungskrise ein Zerstörungspotenzial in eine Familie hineinzutragen, das möglicherweise nicht wieder einzudämmen ist.

Gehen Sie zunächst einmal von Folgendem aus: Ihr Kind leidet unter der Situation genau so sehr wie Sie selber. Auch wenn es nach jedem Streit unbeeindruckt scheint, Ihre Strafandrohungen mit einem Achselzucken quittiert, in letzter Zeit unverschämt wurde – lassen Sie sich nicht täuschen. Was Sie da so in Rage versetzt, das ist zu einem guten Teil nichts anderes als ein Schutzmantel, den Ihr Kind sich umhängt. Man muss kein erfahrener Kinderpsychologe sein, um hinter die Maske der kindlichen Grobheiten zu schauen.

Dort entdeckt man regelmäßig Angst und Verletztheit.

Gehen Sie also davon aus: Ihr Kind möchte Ihnen grundsätzlich gefallen, es möchte gelobt und aus der verfahrenen Situation zu Hause – und vielleicht in der Schule – gern herausfinden. Es weiß nur nicht, wie.

Die folgende Übung ist simpel, sie ist auch kein Heilmittel in allen Schwierigkeiten, aber sie hilft in aller Bescheidenheit, einen regelhaften Zugang zur Gedankenwelt Ihres Kindes zu finden und seine Motive besser zu begreifen. Was also tun?

Sie setzen sich mit Ihrem Sorgenkind zusammen und legen einen großen Zettel vor sich auf den Tisch. Auf dem Zettel steht oben A, darunter B, dann C. Ihr Kind starrt verwundert bis indigniert auf das Papier und fragt: »Was soll das denn?«

»Das«, erwidern Sie gelassen, »soll dir dabei helfen, mir und dir weniger auf die Nerven zu gehen und wieder so miteinander umzugehen wie früher. Hat Spaß gemacht – früher, nicht?«

»Na, da bin ich ja gespannt«, sagt Ihr Kind. Klingt cool, aber gespannt ist es trotzdem. Das ist doch schon ein Schritt in die richtige Richtung, damit ist ja schon viel erreicht. Ihr Kind hört Ihnen zu!

Vielleicht hatten Sie in letzter Zeit das Gefühl, Sie könnten reden, soviel Sie wollen. »Zum einen Ohr rein, zum anderen Ohr raus« – darüber beklagte sich schon meine Großmutter.

Jedenfalls ist jede Art von Aufmerksamkeit besser als diese nicht ganz untypische Kinderhaltung: »Bloß nicht hinhören, das gibt nur Ärger.«

Sie haben also die Aufmerksamkeit Ihres Kindes auf sich gelenkt und zwar mit dem simpelsten Trick, den es gibt. Sie tun etwas Ungewöhnliches! In der Erziehung sind überhaupt die simpelsten Mittel die wirksamsten.

Jetzt schreiben Sie hinter dem A): »Was ist passiert?« Hinter dem B): »Was habe ich gedacht?« Hinter dem C): »Wie wird es weitergehen?« Ihr Kind wird an diesem Punkt anfangen, brummelig und unruhig zu werden: »Das ist aber ziemlich kompliziert.«

»Überhaupt nicht«, erwidern Sie mit der Gelassenheit, die Sie sich seit einiger Zeit im Umgang mit ihm oder ihr angewöhnt haben. Gelassenheit und Respekt und kein anmaßendes Disziplinierungsgehabe – dann ist schon mal die Grundlage Ihres Kontaktes intakt.

Sie dürfen Ihrem Kind allerdings ganz beiläufig signalisieren, dass es jetzt keineswegs aufstehen und irgendetwas anderes tun könnte. Ihnen ist es ernst mit dem, was Sie vorhaben!

Als Nächstes ist einer der vielen unangenehmen Vorfälle an der Reihe, von denen es in letzter Zeit so viele gegeben hat. Sie erinnern und vergewissern sich, dass Sie beide über denselben Vorfall sprechen. Jetzt zeigen Sie mit dem Stift auf das A) und sagen: »Vorgestern, als es den Riesenkrach mit XY gab, was ist da passiert? Erzähl noch mal, aber ganz genau.«

Ihr Kind zeigt seine Missbilligung, Sie bleiben unerschütterlich.

Also noch einmal: »Was ist passiert, aber genau, Punkt für Punkt.« Ihr Kind beginnt zu erzählen, und während des Erzählens wird der Vorfall wieder lebendig. Sie werden bemerken, dass so eine kleine, einfache Vorgabe wie das Stück Papier mit den drei Buchstaben schon ausreicht, um eine veränderte Situation zwischen Ihnen herzustellen. Das Gespräch hält sich gewissermaßen »im Rahmen«. Dieser Rahmen wirkt beruhigend. Ihr Kind fürchtet jetzt keine Strafe, kein Schimpfen, keine stundenlange Meckerei. Es darf ja erzählen. Und genau das tut es.

Der Vorfall wird Punkt für Punkt rekonstruiert. Erst

war dies, dann war das, dann war ein Drittes und dann ein Viertes. Am Ende stand die Klopperei, die Beule auf der Stirn, die blauen Flecken oder was auch immer.

Nun legen Sie den Stift auf den Buchstaben B) und fragen: »Was hast du gedacht?«

Diese Frage ist wirklich schwierig. Sie ist geradezu eine Zumutung für ein Kind. Aber es ist nun schon im Fluss des Erzählens und will sich verständlich machen, es will verstanden werden, es wird Ihre Frage so genau wie möglich beantworten. »Erst war ich wütend«, sagt es. »Und dann?«, fragen Sie.

Dann hatte Ihr Kind vielleicht Angst. Oder es hatte gar keine Angst, weil es die Angst nicht wahrhaben wollte oder vor der einen Angst noch eine zweite Angst hatte, die Angst, total auszurasten. »Ich kann mich dann nicht beherrschen«, sagt Ihr Kind vielleicht.

Sie werden relativ rasch auf das Angstphänomen stoßen. Dazu brauchen Sie keine therapeutische Ausbildung. Ängstliche Kinder schlagen um sich. Und dieser Satz gilt auch umgekehrt: Um sich schlagende Kinder sind insgeheim immer ängstlich.

Natürlich gibt es Ängste in vielerlei Gestalt. Vielleicht hat Ihr Kind Angst davor, von den anderen ausgelacht zu werden. Oder wie ein Feigling dazustehen. Oder nachzugeben, weil es gelernt hat, dass Nachgeben nur schadet. All das ist möglich. Versuchen Sie also herauszufinden, welche Ängste Ihr Kind am heftigsten bewegen.

Damit leiten Sie einen »Perspektivenwechsel« ein. Klingt etwas angeberisch, mir fällt aber kein anderes Wort ein. Er kann jedenfalls sehr hilfreich sein – für Sie, damit Sie endlich begreifen, worum es bei dem Dauerärger in den letzten

Wochen überhaupt geht, und für Ihr Kind aus demselben Grund.

Angst ist kein Tabuthema mehr, schon wieder ein Fortschritt. Auch das Kind sieht seine (womöglich übermäßig aggressive) Reaktion jetzt in einem anderen Licht. »Ich wollte kein Feigling sein«, sagt es.

»Aha«, sagen Sie, »du hast Angst vor den anderen Kindern gehabt.« »Angst habe ich nie«, versichert Ihr Kind eifrig. »Aber wenn du zuschlägst, nur damit die anderen nicht behaupten, du seist ein Feigling, dann hast du doch Angst«, beharren Sie.

Warten Sie nicht darauf, dass Ihr Kind Ihnen Recht gibt. Viel erfolgversprechender ist ein kurzes kindliches Zögern, ein Stutzen, ein Nachdenken, und wenn es nur für einige Sekunden ist. Eine Irritation – wer weiß, wozu sie noch gut sein wird!

Sicher, gewaltige Veränderungen erreichen Sie nicht mit einem oder zwei Gesprächen. Aber es gibt jedes Mal wieder solche kleinen Irritationen, die das festgefügte »innere Bild« des Kindes erschüttern. Ihre ABC-Liste, die auf den ersten Blick etwas albern wirkt, stellt dafür tatsächlich so etwas wie einen regelhaften Rahmen her.

Noch einmal zu Punkt B: »Was habe ich gefühlt?« (oder gedacht, oder gewollt). Alles in allem besteht der wichtigste Teil dieser Übung darin, dass ein Kind überhaupt über sich selber nachdenkt. Es ist womöglich gewohnt, über seine »Taten« nachzudenken, wenn Strafe droht, oder darüber, wie man Konsequenzen vermeidet. Vielleicht ist es noch gewohnt, andere Kinder einzuschüchtern oder vor ihrer »Revanche« Angst zu haben. Aber die Fragen, zu denen Sie es unter dem Punkt B veranlassen, haben eine andere

Qualität. Sie bedeuten nämlich: »Was fühle ich, was bin ich? Was oder wer bin ich in dem Augenblick, in dem ich mich mit einem anderen Kind prügele? Wie sieht es in mir aus, wenn ich wieder einmal lautstark auf dem Pausenhof Kraft demonstriere?«

Ihr Kind war vermutlich ganz und gar in die Frage verstrickt, was die anderen Kinder von ihm fürchten, was sie erwarten, was sie anstellen werden. Es kam nie zu sich selber. Ihr Gespräch, zusammen mit der beruhigten Gesprächssituation, zwingt es auf eine andere Ebene der Auseinandersetzung, nämlich der mit sich selber.

Punkt C hat seine Bedeutung erst dann, wenn die beiden ersten Punkte so, wie skizziert, besprochen worden sind. Vielleicht brauchen Sie mehr als einen Anlauf dafür. Geben Sie nicht auf. Ihre Hartnäckigkeit wird belohnt. Ihr Kind spürt, dass Sie nicht auf- und nicht nachgeben, Ihr Kind fühlt sich »interessant«, und bald schon mehr als interessant, nämlich »wichtig« – man kann auch sagen »geliebt«. Kein Kind kann sich ausdauerndem elterlichem Interesse entziehen. Keines *will* sich entziehen. Nicht auf Dauer.

Zurück zu unserer ABC-Übung. Beim Nachdenken darüber, was Ihr Kind denkt und fühlt, haben sich die Punkte A und C verändert. Das Wort »Perspektivenwechsel« ist vielleicht doch ganz angebracht. Ist ein Kind nämlich zu der Einsicht gelangt, dass es mit seinen Wutausbrüchen die Klassenkameraden nur beeindrucken will oder dass es eigentlich Angst vor Ablehnung hat, wenn es wieder einmal überlaut das Spiel bestimmen will, dann sieht auch der Punkt A ganz anders aus.

Dann erscheint die Balgerei, die sich plötzlich aggressiv steigerte, in einem völlig neuen Licht. Daniel oder Robert

wollten sich wieder einmal den Vorstellungen Ihres Kindes von der richtigen Spielweise nicht fügen.»Das hat mich wütend gemacht«, sagt das Kind.»Ich kann es nicht vertragen, wenn nicht das passiert, was ich für richtig halte.«
Was für eine Einsicht! Es ging also gar nicht um Daniel oder Robert, es ging darum, dass Ihr Kind sich partout durchsetzen wollte. Und warum? Das haben Sie jetzt auch schon gemeinsam geklärt. Aus Angst.

Natürlich können Sie nicht erwarten, dass Ihr Kind urplötzlich seinen eigenen Anteil an der Prügelei einsieht. Aber vielleicht kann es ja noch diesen einen Schritt mitdenken:»Warum werde ich wütend? Was macht mich so wütend?«

»Wenn du dich erinnerst: Wir sprachen doch vorhin von Angst«, sagen Sie.»Angst habe ich nie«, wiederholt das Kind. Und Sie:»Außer manchmal.«

Lassen Sie das Gespräch dann ruhig auf sich beruhen – lassen Sie es weiterwirken. Nicht jedes Gespräch muss ein Ergebnis haben. Das Ergebnis ist das, was anschließend in dem Kleinen vor sich geht. Und das kann man sowieso nur sehr begrenzt beeinflussen.

Pädagogischer gesagt: Der Prozess des Denkens und Fühlens wird offengehalten. Dieser Prozess, der innere Vorgang selber, ist nämlich das Entscheidende. Bei einem späteren Gespräch in diesem ABC-Rahmen kommen Sie auf diesen Punkt zurück:»Warum bricht immer Streit aus, wenn die Gruppen für ein Basketballspiel ausgesucht werden? Warum ausgerechnet dann?« Vielleicht bringen Sie das Stichwort»Angst« dann noch einmal ins Gespräch. Vielleicht kann Ihr Kind – das in der Zwischenzeit ganz gewiss nachgegrübelt und -gefühlt hat – dann tatsächlich zu einer realistischen Einsicht kommen: »Die wählen mich immer als Letzte aus. Da raste ich aus!« So tasten Sie sich allmählich an den Teufelskreis heran, in dem Ihr Kind gefangen ist.

Allein die Tatsache, dass Sie mit ihm sprechen – nachdenklich, geordnet, in einem vorgegebenen Rahmen –, ist ausschlaggebend. Ihr Kind begreift: Die Balgerei fiel nicht vom Himmel. Sie ist ihm nicht einfach zugestoßen. Ihr Kind fragt jetzt gemeinsam mit Ihnen nach tatsächlichen Ursachen und damit nach sich selber. Vielleicht fällt ihm in einem weiteren ABC-Gespräch auf, dass es immer am Anfang dieser Basketballspiele – das ist der Punkt A – Ärger gibt. Vielleicht kann es tatsächlich so weit in sich hineinhorchen, dass es die Angst vor der Ablehnung erkennt – das ist der Punkt B – und seine Reaktion darauf noch einmal in einem neuen Licht erscheint. Vielleicht schreckt es vor der unendlichen Kette von Ärger und Konflikten zurück, die sich – das ist der Punkt C – vor ihm auftun, wenn es sein Verhalten nicht ändert.

Warum wollte Ihre Kleine alles im Griff haben, das Spiel bestimmen und der blöde Robert mitsamt dem ebenso dämlichen Daniel wollten nicht mitmachen? Weil sie Angst hatte. Sogar eine ganz konkrete Angst, nicht irgendeine diffuse. Die Angst nämlich, wieder einmal zurückgestellt und als Allerletzte ausgewählt (sozusagen beschämt) zu werden. Deshalb durfte bei der Frage »Was spielen wir denn jetzt?« alles Mögliche auftauchen, nur eben Basketball nicht. Vorsichtshalber riss das Kind die Situation an sich und bestimmte ein ganz anderes Spiel. Bis der genannte Robert den Mund aufmachte, was er ja auch nicht hätte tun müssen.

Aber entlang der banalen und wirksamen ABC-Fragerei haben Sie jetzt einiges erreicht: Nein, es ging nicht um den doofen Robert, es ging auch nicht um das »Besserwissen« Ihres Kindes, es ging um ganz konkrete Angst. Jetzt lassen sich Lösungen finden.

Anderes Beispiel: Die kleine 10-jährige Theresa ist bei ihren Klassenkameradinnen sehr unbeliebt. Die Kinder sagen, sie spucke und kratze oder neige zu miesen Schimpfworten, wenn irgendetwas nicht nach ihrem Willen gehe. Die Kinder finden das befremdlich und grenzen Theresa aus. Den Lehrern ist Theresas Problem erst relativ spät aufgefallen, im Unterricht ist Theresa nicht auffällig. Sie arbeitet mit, bemüht sich um das Wohlwollen des Lehrers, vielleicht ist sie ein wenig übereifrig. Die Lehrer sehen keinen Grund zur Besorgnis, aber Theresa hat ein Problem. Auf den Elternabenden wird es jetzt fast regelmäßig angesprochen. Die Eltern der getretenen, bespuckten Kinder wehren sich.

Durch unsere ABC-Liste kamen die Eltern auch diesem Kinderdrama auf die Spur. Ein befreundeter Psychologe – höchstwahrscheinlich ein Verhaltenstherapeut – hatte es dem Vater vorgeschlagen.

»Same procedure ...« Das Blatt Papier mit A, B und C liegt auf dem Tisch, Theresa wird hereingerufen, es ging diesmal um ein Schreibheft. Theresa behauptete steif und fest, es handele sich um ihr Schreibheft. Die Tischnachbarin beteuerte, sie habe es vor Schulbeginn im Kaufhaus gekauft. Der Name stand noch nicht auf dem Deckblatt, es war also objektiv nicht zu entscheiden, wer von beiden Kindern recht hatte.

Theresa aber hatte anders als ihre »Mitstreiterin« reagiert. Sie fing nämlich ganz plötzlich mit wildem Kratzen und Spucken an und wäre möglicherweise auf das andere Mädchen losgegangen, mit der Absicht, es ernsthaft zu verletzen, wenn eine Lehrerin sie nicht zurückgehalten hätte. Die Wut schien zu dem relativ geringfügigen Anlass in einem merkwürdigen Missverhältnis zu stehen.

Erst als sich die ratlose Lehrerin an die übrigen Klassenkameradinnen wandte, rückten sie mit der Sprache heraus: Theresa sei immer so. Immer würde sie kratzen, spucken oder beleidigen, immer seien alle anderen im Unrecht. Theresa sei einfach unausstehlich. Die Lehrerin stand vor einem Rätsel. Die 10-Jährige war ihr als ein freundliches und gut integriertes Kind vorgekommen. Nun dieser krasse Gegensatz in den Aussagen der Mitschülerinnen. Ein Mädchen, das wegen Kleinigkeiten um sich schlägt, ist ganz sicher weder »lieb« noch »gut integriert«.

Der Zeigefinger des Vaters wanderte auf B). »Was hast du gefühlt?« Und dann kam, nach einer kurzen Pause, Theresas Antwort. »Allein, ich habe mich so allein gefühlt.« Das war es! Theresa hatte sich zurückgesetzt gefühlt, vernachlässigt, wieder einmal über das Ohr gehauen. Wieder einmal standen alle Mitschülerinnen auf der Seite der »anderen«. Es ging natürlich gar nicht um das Heft. Theresa gab auch relativ schnell zu, dass es ihr tatsächlich nicht gehörte. Sie wollte nach etwas greifen, sie wollte dabei sein, auch etwas haben. Das wurde ihr verweigert, da musste sie einfach um sich schlagen. Eine andere Art der Selbstbehauptung kannte sie nicht. So war der Satz »Allein habe ich mich gefühlt« zu verstehen.

Nun ging es also nicht mehr um ein kindisches Habenwollen, Wegnehmen und dergleichen, sondern um etwas ganz anderes: Wir haben ein alleingelassenes Kind vor uns. Eines, das verbissen um Selbstbehauptung kämpft und sich dabei gegen die anderen Kinder zur Wehr setzen muss. Dabei ist doch klar, dass sein tiefstes Bedürfnis nicht darin besteht, andere Kinder abzuwehren und zu ärgern sondern darin, anderen Kindern nahe zu sein. Ein Teil der Gemeinschaft zu sein – dies ist ein ursprüngliches kindliches Bedürfnis.

Alle Kinder haben es, auch die kleine Theresa. Sie wird sich, wenn es so weitergeht, verstricken in ihre permanente Abwehr gegen alle und alles. Sie wird nicht unbedingt aggressiv sein – nicht in jedem Fall, nicht immer –, aber sie wird immer ein Bündel aus Abwehr und forcierter Abneigung anderen Menschen gegenüber sein. Sie wird einsam bleiben. Eine einzige Bemerkung hat uns darauf gebracht: »Ich habe mich allein gefühlt.«

A und C erhellten sich wechselseitig aus diesem einen Satz. Wir haben jetzt ein Bild vor uns, das unsere Vorannahmen total auf den Kopf stellt. Wir wissen jetzt mehr. (Gut, dass die klugen Eltern zu Anfang des Gespräches sowohl auf allgemeine Tipps und Ermahnungen – »Man darf nicht schlagen, Gewalt ist keine Lösung« – verzichteten als auch auf Strafandrohungen. Beides hätte den Erfolg unmöglich gemacht.)

Die Geschichte der kleinen Theresa ging letztendlich gut aus. Sie soll deswegen schnell zu Ende erzählt werden. Denn allzu häufig enden die Lebensgeschichten der kleinen gewaltbereiten Kinder ganz anders, viel trauriger.

Als Theresas ursprünglichstes Bedürfnis von den Eltern und – nach mehreren Gesprächen – auch von den Lehrern erkannt wurde und ihre Not endlich zur Sprache gebracht worden war, fanden sich auch Lösungen. Die Mittel dazu waren einfach, wie so häufig.

Theresas Eltern bemühten sich auf Anregung der Klassenlehrerin, eine besonders schöne Geburtstagsparty für Theresa zu inszenieren. Die Lehrerin selber gab Theresa einige Tipps, welche Mädchen sie einladen solle und welche – trotz ihrer Unbeliebtheit in der Klasse – auch tatsächlich zur Party erscheinen würden. Sie wusste außerdem geschickt die eine oder andere Motivation für die Eingeladenen einzustreuen. Eine kluge Lehrerin. Und die Party wurde ein Erfolg.

Die Eltern hielten sich im Hintergrund, steuerten den Verlauf des Nachmittags aber sorgfältig. Es war nicht damit zu rechnen, dass nach der langen Vorgeschichte von Missgunst und Ablehnung alles ohne Unterstützung gut gehen würde. Behutsame Anleitungen und unaufdringliche Anregungen halfen – es ging tatsächlich gut!

Nach einem turbulenten Schokoladenkuchenwettessen, das die anfängliche Befangenheit auflöste, gab es anschließend in einer ruhigen Stunde eine sorgfältig ausgesuchte Geschichte, die ganz, ganz indirekt mit Theresas Problem zu tun hatte. Den Kindern war dies zwar nicht bewusst, aber sie fühlten es. Es gab noch einige aufregende Spiele, und am Ende des Tages war klar, dass Theresa in Zukunft auch zu Geburtstagsfeiern eingeladen werden würde. Das war der Anfang. Der Teufelskreis war unterbrochen. Das Räderwerk der sozialen Missachtung und der hilflos-wütenden Reaktionen war gestoppt. Ein kleiner Anfang, ein erster Schritt? Für Theresa war er gewaltig.

Manchmal muss man stören, manchmal sogar zerstören!

Angesichts Bueb'scher Pädagogikvorstellungen atmet man auf, wenn man in dem klugen Buch »Asperger-Syndrom« des amerikanischen Psychologen Tony Attwood, der sich viele Jahre mit dem autistischen Syndrom befasst hat, von einer »kreativen Zerstörung« liest.

Nun ist der Mann leider ein bisschen sehr vorsichtig, mit kreativer Zerstörung meint er immer noch ganz im pädagogischen Sinn, dass dem Kind erlaubt sei, das eine oder andere Objekt zur »Abführung seiner Aggressivität« zu benutzen – und dies stets unter der Aufsicht eines Erwachsenen. Für mich ist das keine Zerstörung, und kreativ ist es auch nicht, weil ja die Regeln immer ganz aufseiten des Erwachsenen liegen.

Ich gehe einen Schritt weiter.

Manchmal sind Kinder, vor allem kleine Jungen, einfach voller Wut und Zorn, fühlen sich unverstanden aus diesem oder jenem Grund, manchmal haben sie auch recht damit. Und wohin mit ihrer Wut? Wollen wir tatsächlich, dass sie ihren Zorn dauernd nur unterdrücken? Müssen wir die Kinder fortwährend zur Selbstbeherrschung anhalten – gibt es nicht auch andere, »unvernünftigere« Schattierungen des Lebens und der kindlichen Seelen?

Ein Kind hat auch das Recht, einfach loszubrüllen, seinen Zorn aus sich herauszuschreien, und zwar auf eine Weise, die einen pedantischen Pädagogen zu Tode erschrecken würde.

Was spricht denn dagegen, dass ein 10-Jähriger voller Empörung aus der Schule stürmt, auf die besorgten Fragen von Mama oder Papa oder irgendwem sonst überhaupt nicht antwortet, möglicherweise mit einem (selbstverständlich verbotenen) obszönen Wort antwortet, die Tür zuknallt und seine Wut auslebt? Friedfertig und vernünftig ist das natürlich nicht. Sehr im Gegenteil. Da werden Bücher gegen die Holztür geschmissen, weil das so richtig laut klappert, da fällt irgendetwas (hoffentlich nichts Kostbares!) zu Boden, der Kleine hämmert mit seinen kleinen Fäusten gegen die Wand, als sei sie und nicht die Kultusbürokratie für den Zustand der modernen Schulen verantwortlich, oder was ich mir sonst noch an destruktiver Lust vorstellen kann.

»Kreativ« muss das nun wirklich nicht sein. Aber laut und heftig. Das erleichtert die Seele.

Wütend sein kann richtig Spaß machen, das wissen wir alle. Angst ist ein merkwürdiger Schutzmechanismus unserer Seele. Mit dem Austoben beschwichtigen wir unser Gefühl, ganz allein und ohnmächtig zu sein. Ob es um eine »Fünf« im Test oder eine Rüge vom Lehrer oder einen untreuen Freund geht – Ohnmacht macht uns rasend. Man kann sie auch nicht wegzaubern. Man kann eigentlich *gar nichts* machen. Nein, nein, da hilft nur körperliches Toben und Gebrüll. Danach haben wir das völlig irrationale Gefühl, als hätten wir es der ganzen Welt und dem Klassenlehrer oder dem Freund so richtig gezeigt.

Müssen wir das unserem Kind partout verbieten?

Nach einer halben Stunde oder länger merkt es schon ganz von selbst, dass ein schlichter Wutausbruch auch seine Grenzen hat. Irgendwann wird es langweilig. Noch ein Buch zu Boden geschleudert, noch ein Kissen gegen die Decke geknallt, und nun?

Nun sitzt er mitten drin in seinem kleinen oder großen Unglück, hat immerhin einen Teil seiner Wut schon einmal aus sich herausgeschleudert, aber mit dem anderen Teil muss er nun doch ganz realistisch fertig werden. Und das ist gar nicht einfach.

Vor so viel »Seelenarbeit« sollten wir als liebevolle Eltern Respekt haben. Respekt heißt in diesem Fall: Wir lassen das Kind in Ruhe.

Irgendwann hockt er mitten in dem selbst geschaffenen Chaos, ist hilflos, meist gar nicht mehr wütend, sondern fühlt sich einfach in diffuser Weise leer. Manchmal fließen auch Tränen. Jetzt braucht er Hilfe, jetzt braucht er Zuspruch.

Viele Kinder kommen nach solchen Wutanfällen müde und traurig in die Küche getrottet. Und wir sollen ihnen jetzt konsequent ihre Grenzen aufzeigen? Haben wir denn wirklich kein Gefühl mehr, oder dürfen wir kein Mitgefühl für unseren Kleinen haben? Würden Maßregel und Strafe die Traurigkeit und Wut eines Kindes mindern? Würden sie seine Fähigkeit fördern, mit Kränkungen und Frustrationen vernünftiger umzugehen?

Ich habe angesichts der Ratschläge der Disziplinpädagogen immer zwei Vermutungen. Zum einen *weiß* ich, dass ihre Vorschläge pädagogisch-fachlich naiv und oft unsinnig sind.

Aber viel wichtiger ist das zweite Gefühl.

Ich frage mich, wie man denn so hartherzig sein kann, einer Mutter oder einem Vater zu empfehlen, so oft so kaltschnäuzig dem eigenen Kind gegenüber zu sein? Hartherzigkeit stärkt ein Kind nicht. Hartherzigkeit fördert auch sein soziales Verhalten nicht. *Hartherzigkeit erzeugt Hartherzigkeit und sonst nichts.*

Richtig ist es so: Sie setzen sich in aller Ruhe dem Kind gegenüber und halten erst einmal den Mund. Allein die Tatsache, dass Mama oder Papa nicht losmeckern oder moralische Reden vom Stapel lassen, sondern ruhig bleiben, erleichtert. Sie lassen schlicht nur Ihr Mitgefühl spüren.

Gefühle brauchen Zeit. Jetzt nicht gleich drauflosreden. Das Kind soll erst einmal seelisch und körperlich zur Ruhe kommen.

Danach dürfen Sie fragen: »*Was war denn? Sag mal ganz genau, ich will es wirklich wissen. Erzähl doch.*« Damit rufen Sie in Ihrem Kind ein Gefühl hervor, das unendlich viel wichtiger ist als jede pädagogisch noch so überlegte und korrekte »Intervention«, nämlich dieses: Die reine Gegenwart von Mama oder Papa ist unendlich tröstlich. Ihre *schweigende*, allenfalls behutsam fragende Gegenwart, wohl gemerkt. Einfach, dass Sie dasitzen, Sie und Ihr Kind, »wir zwei beide«. Dass Sie sich anschauen, vielleicht grinst er verlegen, wenn's ein Junge ist, vielleicht kichert sie schon, wenn's ein Mädchen ist (niemand auf der Welt kann so charmant unter Tränen kichern wie zehnjährige Mädchen).

Dass nicht Konsequenz, sondern Geborgenheit spürbar ist – darauf kommt es an. Daraus wächst Vertrauen. Und aus dem Vertrauen Verlässlichkeit. Jetzt stabilisiert sich auch das Kind und kommt mit Wut und Kummer seelisch ganz allmählich zurecht.

Im Übrigen haben Kinder eine ganz vortreffliche Eigenschaft: Auf die Dauer können sie den Mund nicht halten. So geht es unserem Kleinen auch.

Irgendwann fängt er an zu reden, erzählt, was in der

Schule passiert ist, was ihm auf dem Schulhof zugestoßen ist oder welche Ungerechtigkeiten er in Mathematik erdulden musste. Wir müssen nur zuhören. Aber aufmerksam. So einfach sind Kinderseelen auch wieder nicht gestrickt. Wir müssen schon gehörig aufpassen, dass wir alles verstehen. Und achtsam müssen wir sein: Kein Kochtopf und kein Telefonat ist jetzt wichtiger als Ihr Kind. Zumal emotional aufgewühlte Kinder die Eigenart haben, jeweils zwei bis vier Informationen gleichzeitig in einen einzigen Satz zu packen, ständiges Nachfragen hingegen – »Versteh ich nicht, red doch mal langsam, wie war das?« – unterbricht und stört.

Das alles ist gar nicht so einfach. Aber das habe ich schon oft gesagt: Elternliebe ist eine Kunst und Kunst macht Mühe.

Also, ich fasse zusammen: Die Kunst der Erziehung besteht nicht darin, dass wir uns zu solchen oder ähnlichen Anlässen selber in den Vordergrund stellen und reden und belehren, Kunst heißt schon mal gar nicht, dass wir Konsequenzen aufzeigen – Grenzen zeigen, strafen und alles besser wissen kann! –, elterliche Kunst heißt, zu wissen, wann man schweigen muss und wann man fragen soll.

Dann, erst ganz zum Schluss, dürfen Sie auch selber etwas sagen, hoffentlich etwas Hilfreiches.

Nachtrag: Ihr Kind redet also. Schnell und pausenlos. Aber nach einer gewissen Zeit – das ist auch so ein Vorteil, den Kinder gegenüber Erwachsenen haben – ist es denn auch genug. Kinder sind so: Erstens müssen sie nicht dauernd das letzte Wort behalten, sondern nur manchmal. Zweitens wird ihnen sogar der eigene Kummer irgendwann ziemlich langweilig. Ein seelisch gesundes Kind will spätestens jetzt mit allem abschließen. Morgen ist ein neuer Tag!

Erziehung darf nicht »funktionieren«

»Das funktioniert nicht«, sagen Eltern leichthin, wenn ihnen von Beratern oder Therapeuten Erziehungsvorschläge unterbreitet werden. Manchmal helfen sie, manchmal nicht. Wir müssen uns diese Sprache abgewöhnen. Unsere Bindung an unsere Kinder ist Liebe! Wir sagen von einer heißen Liebesgeschichte, die leider soeben das irdische Glücksgefilde verlassen hat, ja auch nicht: »Ach nee, wie habe ich ihn geliebt, aber meine Liebe hat nicht *funktioniert*.« Diese technische Sprache ist allen menschlichen Kommunikationen unangemessen, im Zusammenleben mit Kindern wirkt sie abstoßend. Ein Kind ist kein Auto, man kann es nicht reparieren, man kann es nicht einmal lenken, und funktionieren wird es ein ganzes Leben lang nicht. Das ist auch gut so, sonst wäre es kein zum Glück begabter Mensch, sondern ein Roboter aus Zellen, Membranen und Knochen.

Nein, Erziehung *funktioniert* nicht, sie darf nicht funktionieren. Kehren wir diesen Satz lieber um: Wenn eine »Erziehungsmaßnahme« sofort und unproblematisch »funktioniert«, dann ist sie garantiert von Übel. Dazu ein Beispiel:

An der Fußgängerzone, an der wir in Hannover wohnen, gibt es eine schöne, große Eisdiele, vor ihr steht wie vor den meisten Eisdielen ein Apparat mit »Flummies«.

Flummies sind kleine, hüpfende Gummibällchen, die

bunt angemalt sind und munter hin und her springen. Ganz unberechenbar, so wie Kinder es gern haben.

Vor diesem Flummie-Automaten ereignet sich mehrmals täglich eine kleine Kindertragödie, es lässt sich gar nicht vermeiden. Ein Drei- oder Vierjähriger möchte unbedingt einen Flummie, der kostet immerhin 1 Euro, Mama oder Papa oder Großvater oder Großmutter sagen, nicht zu Unrecht: »*Nein, du hast schon ein Eis bekommen, einen Flummie gibt es nicht. Morgen vielleicht.*«
Der Kleine erhebt, wie es seinem Alter und vielleicht seiner Natur entspricht, ein gewaltiges Geschrei, und der Erwachsene versucht mit allerlei mehr oder minder hilflosen Tricks, das brüllende Wesen von dem verhängnisvoll-attraktiven Apparat wegzuzerren. So weit, so gut.

Nun könnte ich Ihnen im Sinn einer Erziehungsanleitung, die garantiert funktioniert, Folgendes vorschlagen: Sie, die Eltern oder Großeltern, gehen ganz ähnlich vor, wie es die Psychologin Frau Kast-Zahn in ihrem Buch »*Jedes Kind kann schlafen lernen*« vorschlägt. Das ist auch so eine Dressuranleitung, auch ein Bestseller, der sich mit dem Einschlafen von Kindern mithilfe fester Zeitpläne zum Schreienlassen des Babys beschäftigt.

Sie treten also mit dem Kleinen vor den verlockenden Flummie-Apparat, schauen kurz auf die Uhr, und danach beginnen Sie, das Kind, exakt nach Zeitplan, zu maßregeln, d. h. Sie folgen demselben System, wie es im Bestseller zum Schlafthema vorgeschlagen wird. Sagen wir, drei Minuten lang. Danach zerren Sie das brüllende Kind vom Flummie-Gerät weg.

Am nächsten Tag wiederholen Sie die Prozedur, wiederum mit einem Blick auf die Uhr, diesmal schimpfen Sie aber nur 2½ Minuten, am dritten Tag nurmehr 1½ Minuten – spätestens am vierten Tag wird der Kleine keine Flummies mehr wollen, kein Geschrei erheben, ja, er wird – Gipfel der Erziehungskunst! – einem möglicherweise anwesenden Freund in allem Ernst erklären, dass Flummies ganz böse und Flummie-Apparate überhaupt scheußlich sind.

Die Maßnahme hat funktioniert. Er, dieser Kleine, will nie wieder etwas von Flummies wissen. Kurz, knapp, funktional. So kann man Erziehung auch denken, so kann man sie sogar durchführen. Keiner hindert Eltern daran, ein Kind vor einem Flummie-Apparat oder sonst einem lockenden Gegenstand zu beschimpfen, niemand hindert die Bürokraten und Lehrer von Duisburg daran, Kinder mit der Hand an der Tischtennisplatte – »bei jedem Wetter« – strafstehen zu lassen.

Gott sei Dank, die meisten Eltern kommen gar nicht erst auf solche Gedanken. Noch gibt es eine Mehrzahl von Eltern, die ein Gespür für zivilisiertes Verhalten haben.

(Im Herbst oder so werde ich vielleicht ein Buch schreiben, Arbeitstitel »Ein kleiner Klaps zwischendurch schadet nicht« – wie hoch schätzen Sie die verkaufte Auflage? Zweihunderttausend? Oder dreihunderttausend? Sie denken, ich mache Witze? Seien Sie mal nicht zu sicher ...)

Oh wie schön ist Panama, oder:
Wie man mit Tricks weiterkommt

Kinder haben an allem, was sie neu gelernt haben, Freude. Mehr als Freude, sie haben einen Riesenspaß daran. Das ist mit der Sprache nicht anders als mit allen anderen Dingen auch. Wir sollten uns diese Freude, diesen »Funktionsstolz«, wie die Psychologie umständlich sagt, zunutze machen. Damit sind wir wieder bei den Wünschen.

Nun hat dieses Kind aber nicht nur Wünsche, es hat auch einen mächtigen Stolz auf all das, was es gelernt hat. Den nutzen wir aus, und zwar schamlos!

Ein Zweieinhalbjähriges sagt in einem Café mit herrischer Stimme: »*Das da*«, und weist in den Raum, um Mama deutlich zu machen, dass es noch diesen Becher oder jenes Stück Kuchen oder sonst etwas verlangt, und zwar absolut sofort, auf der Stelle, ohne Verzögerung und ohne Widerspruch.

Nun hat die Mutter oder der Vater zwei Möglichkeiten: Entweder er/sie erfüllt den Wunsch, und es kann beiden, dem Kind und dem Elternteil, riesengroße Freude bereiten. Dann ist ja alles in Ordnung. In solchen Fällen müssen Eltern einfach darauf achten, dass sie sich von der Freude des Kleinen an einem Stück Käsekuchen oder an dem bunten Glas anstecken lassen und sich mitfreuen. Sie sollten sich diese Freude auf keinen Fall von fortwährend schuldbewussten Zweifeln verderben lassen, also beispielsweise von der Frage, ob der Kuchen auch gesund ist, das Glas vielleicht zu kitschig und damit eine feineres Farbempfinden des Kindes behindernd und was Eltern heutzutage sonst noch so alles einfällt.

Freude macht Freude, Freude macht schlau und selbstbewusst. Es gibt wirklich kein besseres Erziehungsprogramm!

Nun hat die Sache, wie alle Eltern wissen, einen Haken. Man kann nicht immer »*Ja*« sagen. Das weiß jeder, wieso deshalb ganze Bücher mit Titeln wie »*Mütter dürfen Nein sagen*« geschrieben werden müssen, ist mir ein Rätsel.

Wiederum, was machen wir nun? Und wieder meine Vorbemerkung, dass ich leider kein Rezept angeben kann, das man wie einen Lichtschalter an- oder ausschaltet. So etwas gibt es nicht! Wenn Kinder auf elterliches Verhalten wie ein elektrisches Gerät funktionieren, dann sind sie krank und nicht etwa gut erzogen.

Also, das Dilemma ist eingetreten, Mama hat schon zweimal »*Ja*« gesagt, zum Eis und zur Limo, nun ist es genug, jetzt ist ein »*Nein*« an der Reihe. Die Gehorsamspädagogen empfehlen, barsch, hart und konsequent zu sein, wenn es um ein Nein geht, Winterhoff spricht in einem stern-online Interview (21.5.2008) davon, dass Mamas Stimme wie eine zerbrochene Schallplatte sein und immer dasselbe, immer das Gleiche wiederholen müsse.

Ich empfehle exakt das Gegenteil. Stellen wir uns vor, unser Kind hat soeben die Beherrschung der deutschen Sprache erworben, etwas weniger prätentiös gesagt: Es spricht, und zwar vollständige Sätze (oder fast vollständige, das reicht auch), das Kind ist stolz wie Oskar und reagiert auf alles, aber wirklich alles, was seine Sprachfähigkeiten zur Geltung bringt, freudig und froh. Das, wie gesagt, nutzen wir hemmungslos aus!

Das Kind weist energisch auf einen begehrten Gegenstand, in diesem Fall auf ein Stück Kuchen oder ein buntes Glas, es brummelt geräuschvoll und völlig unverständlich vor sich hin und erwartet nun vergnügten Sinns, dass sein Wunsch erfüllt wird. Wäre kein Problem, wenn nicht das unumgängliche Nein dazwischenstünde.

Mama (oder Papa, Großvater oder Großmutter) fragen

erst mal nach. »*Welches Glas meinst du?*« oder »*Welches Stück Kuchen?*« Zunächst muss sich ein Kind von zweieinhalb Jahren mächtig anstrengen, um zwischen sich selbst und dem begehrten Objekt eine korrekte Verbindung herzustellen. (Wir befinden uns nämlich in einer Entwicklungsphase, in der das »perspektivische Erfassen von Körper und Raum« noch unausgebildet ist.) Das kleine Kind müht sich also ab, um exakt auf das gewünschte und nicht irgendein anderes Stück Kuchen zu zeigen.

Wie gesagt, eine große Anstrengung, aber Mama und Papa sind schlau, diesmal helfen sie nicht, wie sie es sonst so oft tun. Wir sind nämlich geneigt, den Kindern ununterbrochen alle Bemühungen abzunehmen (beispielsweise: »Du meinst sicher den Zitronenkuchen? Hmmm lecker, komm ich zeig ihn dir.«). Das ist lieb gemeint, aber schon deshalb nicht gut, weil man den Kleinen damit einen Teil ihres »Funktionsstolzes« wegnimmt. Schließlich wollen sie das, was sie inzwischen gelernt haben, vor den staunenden Augen von Eltern und Großmama auch zur Geltung bringen.

Mama und Papa bleiben also still und stumm, fragen allenfalls: »*Was meinst du denn?*« Wenn sie gewaltig Glück haben, beginnt das Kleine bereits jetzt, zu zweifeln, ob ihm das Stück Kuchen oder das bunte Glas wirklich so wichtig ist. Es ist einfach zu viel Schufterei damit verbunden.

Wahrscheinlich sieht es so aus, dass das Kleine diffus in Richtung Kuchentheke zeigt, in der Erwartung, dass nun aller Welt klar sein muss, wonach sein Herz verlangt (oder verlang*te*, »vielleicht will ich gar keinen Kuchen mehr!«).

Mama und Papa sind nicht aus der Ruhe zu bringen. Also bleiben die beiden auf ihren Stühlen hocken und setzen die Fragerei fort. »*Meinst du den Kuchen. Oder das Glas. Willst du etwas daraus trinken? Vielleicht hast du das gelbe Glas gemeint, oder doch das rote? Oder das grüne Glas? Oder den Rhabarberkuchen, lecker was?*«

Das arme Kind ist völlig mit den Nerven runter, woher soll es wissen, welches von den vielen vorzüglichen Kuchenstücken oder Gläsern es nun haben will, und wenn es erst so weit ist, ist es ganz nah an dem Gedanken: »*Ich kann auf diese ganze Kuchenfresserei auch verzichten. Das ist mir einfach alles zu mühsam.*«

Mama und Papa aber setzen das Spiel fort: »*Lass uns noch einmal gemeinsam überlegen, was du denn ganz genau willst. Am besten, wir setzen uns noch einmal an den Tisch, bestellen schon einmal etwas zu trinken*« – »*Ich will Limonade*«, ruft das Kind – »*und überlegen, welchen Kuchen aus der Kuchentheke du möchtest. Im Augenblick scheint das noch höchst unklar.*«

So sitzen die drei in froher Runde am Tisch, ganz ohne missmutige oder »Grenzen setzende« Intentionen im Hinterkopf. Sie haben einfach Spaß mit ihrem Kind zusammen. Und irgendwie müssen sie ja auch noch das Nein über die Runden bringen!

Papa sagt: »*Mir ist auch nicht ganz klar, welches Stück Kuchen ich lieber genommen hätte. Ich will zwar überhaupt keinen Kuchen, aber mal angenommen, ich wollte welchen, wahrscheinlich würde ich den gelben bevorzugen.*« Der Kleine wedelt (darauf können Sie sich verlassen!) abwehrend mit beiden Händen, den gelben will er schon mal gar nicht. Papa wollte den gelben, er nicht! Er will einen anderen!

Was nun folgt, ist eine weitere Anstrengung, die die vorausgehende, die »gestisch-motorische Wahrnehmung räumlich-perspektivischer Ordnungen« bei Weitem übertrifft. Das Kind muss nämlich mit sprachlichen Mitteln seinen Wunsch darstellen. *Dadurch wird sein Wunsch ein anderer Wunsch.*

Das schreibt sich locker hin, ist aber schwer zu erklären und trotzdem der Fall.

Ein vom Sprachvermögen gelenktes Wünschen oder Wollen ist viel differenzierter als ein Urlauten ähnelndes »will Kuchen«. Deshalb auch viel weicher, veränderlicher, viel kompromissbereiter als ein Wille, der sich mit Handwedeln und »*das da*« Ausdruck verschafft hat.

Mama, nachdem sie zwischendurch aus dem Fenster geschaut und festgestellt hat, dass alle vorübereilenden Frauen hübschere Röcke tragen als sie selbst, verfällt in eine tiefe Nachdenklichkeit. Das ist dem Kleinen mindestens so wichtig wie der Kuchen, außerdem ist er (oder sie) neugierig. Was ist mit Mama los? Die Mutter erklärt es ihm – oder ihr (einer Tochter kann man die Zusammenhänge von eigenem Nachdenken und den Röcken von draußen vorübergehenden Frauen schon mit zweieinhalb Jahren klar machen, Jungen eher nicht!). Ihre Erklärung erregt sofort die höchste Aufmerksamkeit und den eifrigen Protest des Kindes (*Schönere Röcke? Was soll das denn heißen? Die Schönste auf der Welt ist Mama, das ist doch wohl klar, was diese Erwachsenen alles zu bequatschen haben!*). Danach kehrt das Kind zu seinem Wunsch zurück. Es hat inzwischen aber vor lauter sprachlicher und gestischer Anstrengung (plus Unterbrechung) einen Gutteil seiner Willensenergie, die es am Anfang hatte, eingebüßt.

Papa ist immer noch unerbittlich, Papa sagt: »*Den gelben meinst du nicht, dann meinst du vermutlich diesen grau-grü-*

nen, der halb schräg hinter dem gelben stand. Hm, Rhabarberkuchen!« Der (die) Kleine ist perplex, wovon redet Papa da? Völlig unverständliches Zeug, passiert ihm häufiger, vor allem wenn er abends Zeitung liest. Aber diesmal hat er sich selbst übertroffen. Links hinter gelb oder wie? Papa schnipst mit den Fingern und ruft die Bedienung herbei. Das gefällt dem Kleinen (jetzt wieder einem Jungen mehr als einem Mädchen), der sich ja noch ganz und gar mit seinem großen, starken Papa identifiziert, hervorragend. Papa schnipst und die Bedienung flitzt herbei. So soll es sein!

Papa verlangt einen Stift und ein großes Stück Papier, beides bekommt er. So ist es eben, die Erwachsenen kriegen immer, was sie wollen. Aber wozu Papier? Papa beginnt in tiefstem Ernst, zu zeichnen, nur ist es leider so, dass er gar nicht zeichnen kann.

Papa erklärt, dass das Gekritzel vorn auf seinem Blatt das gelbe Stück Kuchen darstellt, daneben ein anderes, an das sich alle miteinander schon gar nicht mehr richtig erinnern, und dahinter, ganz versteckt, ein graugrünes. Ob es sich dabei um das von dem Kleinen gewünschte handele? Wie gesagt, ein großer Zeichner ist Papa nicht, das kann unser Kleiner besser. Er grapscht das Blatt Papier, greift zum Stift und fängt an zu zeichnen.

Wenn die Eltern Glück haben – und manchmal haben Eltern Glück! – dann beginnt er zwar damit, ein Tortenstück zu zeichnen, das sich aber bald und ganz unvermittelt in ein Schloss oder eine seltsame Burg oder auch in ein Panzerauto verwandelt. Damit ist die Sache mit dem Kuchen schon einmal »gegessen«. Zwar nicht buchstäblich, aber im übertragenen Sinn.

Haben die armen Eltern aber ein Kind mit einem äußerst sturen Willen gezeugt, dann werden sie sich damit abfinden müssen. Der Kleine zeichnet nämlich keineswegs eine Burg oder sonst etwas Fantastisches, sondern ganz exakt ein Stück Kuchen, viel genauer als Papa, wie schon erwähnt, ein anderes Stück daneben, läuft vielleicht zum Kuchentresen, um festzustellen, wie dieses fast schon vergessene Stück links von dem gelben ausgesehen habe, und bringt es anschließend ziemlich detailgenau zu Papier, es handelt sich im übrigen um das graugrüne. »*Das will ich haben!*« Nun überlegen Sie einmal, was der Kleine alles gelernt hat. Ein teurer Vormittag in einer Exzellenz-Pädagogik-Vorschulerziehung ist nichts dagegen.

Er hat perspektivisches Zeigen, gestische Genauigkeit, sprachliche Formulierungskunst und zeichnerisch-darstellerische Kompetenzen bis in die Details der Raumaufteilung gelernt. Mein Vorschlag: Lassen Sie's gut sein, auf ein winziges Stückchen Kuchen wird es schon nicht ankommen. Andernfalls müssen Sie eben Nein sagen und die Folgen in Kauf nehmen (seien Sie getröstet, Sie müssen deshalb nicht gleich ein ganzes Buch lesen).

Nun ist es aber so, dass jede geistige Anstrengung den Geist »differenziert«, und differenziert heißt: Schon der kindliche Geist vermag jetzt zu überlegen, etwas zurückzunehmen, überraschende Schlüsse zu ziehen, was alles dazu verleitet, dass auch Kinder nicht stur auf ihrem Willen beharren. Tun sie's doch, dann sind sie höchst vermutlich Opfer elterlicher Gehorsamspädagogik, die außer »Ja« oder »Nein« kaum über sprachliche Differenzierungen verfügt, und dann kann ich Ihnen auch nicht helfen.

Wenn Ihr Kind aber einen lebendigen, vielschichtigen,

kompromissbereiten und lebensfrohen Kontakt mit Ihnen gewohnt ist, dann verfügen Sie neben dem Nein über eine erfreulich lange Reihe von besseren Möglichkeiten, nennen wir sie »Nein-Modulationen«.

Die Wahrscheinlichkeit ist relativ hoch, dass sich der Kleine jetzt auch mit einem halben Stück begnügt (und mir kann keiner einreden, dass ein halbes Stück Kuchen an einem Nachmittag einem Kind, trotz Eis zuvor, gesundheitlich schadet). Das ist beispielsweise ein vernünftiger Kompromiss. Auch über die Sahne lässt sich verhandeln, vielleicht lässt man sie ganz weg. Etwa so: Papa sagt: »*Ich will Sahne, und zwar ganz viel.*« Mama sagt: »*Du hast einen kugelrunden Bauch, als hättest du einen Fußball verschluckt, du kriegst keine Sahne.*« Der verschluckte Fußball erregt die Aufmerksamkeit des Jungen bei Weitem mehr als die Sahne. Er fällt vor Gackern schier vom Stuhl. Damit ist das Sahne-Thema so weit erledigt!

Noch einmal, damit der entscheidende Gedanke nicht verloren geht: Das Kind hat seinen Geist belebt, es hat seine intellektuellen und emotionalen Fähigkeiten zum Ausdruck gebracht, es hat sogar räumliche Darstellung eingeübt, und zwar mit großer Konzentration (es ging ja nicht um eine alberne Zwei im Zeichnen, sondern um ein Stück Kuchen, beides lässt sich unmöglich vergleichen). Das Kind hat gelernt und gelernt, und alle geistigen Tätigkeiten führen dazu, dass ein Kind immer mehr zur Kompromissbereitschaft, zum halb erfüllten Wunsch, zur kleinen Frustration begabt wird, um das Wort »erziehen« zu vermeiden.

Gelingen solche Übungen wie die eben geschilderte immer? Selbstverständlich nicht. Aber sie gelingen oft! Sind sie einmal gelungen, dann ist die Wahrscheinlichkeit sehr groß, dass sie beim zweiten Mal noch besser und beim dritten Mal *sehr* viel besser gelingen. Erziehung ist eine Kunst der Langsamkeit. Was Sie dazu benötigen? Nicht viel, absolut nichts Unmögliches! Sie benötigen Freude an Ihrem Kind, möglichst endlos Liebe zueinander, Geduld und die Fähigkeit, sich an einem schönen Sonntagnachmittag nicht von jeder Kleinigkeit aus der Fassung bringen zu lassen. Alles andere stellt sich von selbst ein.

Gehorsamsgläubige mit ihrem hektischen Nein, mit ihrem »das wollen wir doch mal sehen, wer hier das Sagen hat, es gibt keinen Kuchen und Schluss damit« (um bei unserem Beispiel zu bleiben), mit ihrem »da muss man aber mal Grenzen setzen« stolpern von einer verkrampften, verspannten und höchst unangenehmen Situation in die andere. Natürlich haben sie keine Freude, zuletzt nicht einmal an ihrem Kind.

Ebenso haben dann auch die Eltern viel zu wenig Nähe und Wärme zueinander. Unter solchem verkrampften Macht- und Disziplingerede kann der schönste Sonntagnachmittag und dann auf Dauer eine ganze Partnerschaft zugrunde gehen.

Und außerdem lernt das Kind nichts dabei oder nur das eine: Der Stärkere gewinnt und der Schwächere verliert. Das lernt das Kind aber in jeder Fußgängerzone in der Stadt, auf dem Schulhof und zu tausend anderen Gelegenheiten auch noch. Dazu braucht es weder Eltern noch einen pädagogischen Autor.

Zweiter kleiner Trick: Buntstift und Papiere

Ein Kleinkind will dieses oder jenes, Mama ist eine liebevolle Mama, das kann man Gott sei Dank trotz unserer aus allen Medien tönenden Disziplinpädagogen immer noch beobachten. Es wärmt mir das Herz, ist immer wieder herzergreifend zu sehen. Heißt ja nicht, dass die Welt und Kinder simpel sind.

Zum Beispiel: Das Kind ist etwa eineinhalb Jahre alt und schmeißt mit höchstem Vergnügen eine Serviette – wir befinden uns in einem Restaurant – auf den Fußboden, Mama hebt sie auf, Papa manchmal (seltener) auch. Da bahnt sich ein kleiner Familienkonflikt mitten beim Abendessen im italienischen Restaurant an. Denn jedes Mal, wenn Papa sagt: »Lass das blöde Papier doch liegen«, womit er im Prinzip ganz recht hat, fängt die Kleine an zu kreischen: »Will haben!« – was will sie haben? Natürlich das »blöde Papier« – und warum will sie es haben? Um es erneut auf den Boden zu schmeißen und darüber vergnügt zu lachen. Mama runzelt die Stirn, Papa zeigt sich derweil restlos desinteressiert, und irgendwie muss es jetzt weitergehen.

Was Disziplinpädagogen einfallen würde, ist ja klar. Die Folge wäre ein mindestens viertelstündiges ohrenbetäubendes Geschrei einer Eineinhalbjährigen (Eltern wissen, wie durchdringend die ganz Kleinen brüllen können, manche sagen, es handelt sich um einen Überlebensinstinkt, was die Sache auch nicht besser macht), und sogar der äußerst kinderfreundliche Wirt wäre irgendwann nervös geworden. Unsere Disziplinpädagogen haben also, wie in der Theorie, auch hier im kleinen Alltagsdilemma nichts zu melden.

Papa hat inzwischen eine Zeitung gefunden, er liest. Manchmal ist es geradezu komisch, wie sehr die Wirklichkeit den Klischees entspricht. Aber haargenau. Was nun bleibt der armen Mutter zu tun?

Das Eineinhalbjährige hat inzwischen, als Ersatz für das Papier, das wieder auf dem Fußboden liegt, einen Bleistift gefunden, mit dem es zuerst wütend auf den Tisch haut (erste winzige Sorgenfalten nun auch beim Wirt) und den es anschließend auf den Fußboden schmeißt, sozusagen dem Papier hinterher.

Nun haben wir es mit einer klugen Mutter zu tun. Was tut die bewundernswerte Frau? Sie hebt mit allen Anzeichen geübter, wenn auch leicht seufzender Gelassenheit sowohl Papier wie Bleistift vom Boden auf und zeigt ihrem Kind, dass die beiden eigentlich eine höchst sinnvolle Einheit ergeben, mit der man viel mehr machen kann, als sie herumzuschmeißen.

Und sie ist *sehr* klug, diese Frau. Sie drückt nämlich keineswegs dem Kind beides, Stift und Papier, in die Hand und sagt: Mal doch mal was (mit dem ganz und gar heuchlerischen, bei Eltern höchst beliebten Satz: Das kannst du doch so schön), nein, diese Mama tut etwas viel Schlaueres. Sie fängt nämlich ruhig und hochkonzentriert an, zu zeichnen. Sie ist so vertieft darin, dass allen Anwesenden klar wird, dass dieses Malen auf dem – leicht vom Fußboden verdreckten – Papier offenbar eine höchst faszinierende Tätigkeit sein muss. Sogar Papa blickt kurz von seiner Zeitung auf.

Was allen auffällt, hat eine Eineinhalbjährige auch längst mitbekommen. Sie will jetzt, clever, wie Kinder um das erste Lebensjahr herum nun einmal sind, auf Mamas Schoß.

Dabei interessiert der Schoß eher weniger, der Stift umso mehr. Das Papier auch. Ein Küsschen von der Mutter, mitten auf die Nase, und die Kleine reißt ihrer liebsten Mama rüde den Stift aus der Hand. Und tut was? Zeichnen natürlich! In aller Ruhe (auch der kinderliebe Wirt atmet insgeheim auf, man sieht es).

Besser konnte es gar nicht kommen. Klingt wie ein kleiner, fast nebensächlicher Ratschlag am Beispiel »erwachsener« und kluger Eltern. Weltbewegend ist er auch nicht. Aber erzählenswert. Denn überall kann man beobachten, wie auch sehr liebevolle Mütter mit dem unermüdlichen, oft sehr hartnäckigen Trotz ihrer Kinder überfordert sind. Niemand hat sie gelehrt, welch eine unendliche Fülle von Möglichkeiten der Ablenkung, der Umwertung des kindlichen Wunsches, der Neuerfindung der Mutter-Kind-Kommunikation es gibt. Jede einzelne davon entschärft einen Konflikt.

In der Summe macht es schon einen Unterschied, ob ich jeden Tag vier bis fünf »Machtkämpfe« ausfechte oder eben nicht, stattdessen schlaue, kleine Lösungen suche und finde. Mütter sollte man nicht darin belehren, dass sie ihren Kindern fortwährend auf die Finger schauen, sondern darin, kreativ zu sein (kreativ klingt besser als »schlau«), einfallsreich und froh. Denn der Tag mit einem Kind drängt einem klitzekleine Lösungen auf, hier eine und dort eine, alle ziemlich »innovativ« – Alltagsbewältigung mit einem guten Anteil an Freude statt sturer Gehorsams-Pädagogisiererei. So macht das Leben mit einem Kind einfach viel mehr Spaß. Und die Entwicklungspsychologen und neuerdings die Gehirnforscher verraten uns, dass das Kind bei jeder dieser kleinen, vergnügten Tätigkeiten ein Stückchen schlauer, vernünftiger, »in Gehirnarealen komplexer verschaltet« wird.

Noch so ein kleiner Tipp, immer hart an der Grenze der Erträglichkeit für unsere prinzipientreuen Pädagogen: Der Kleine – diesmal ein Junge, sagen wir zwei Jahre alt – schmeißt Löffel, Gabel oder sein Spielgerät laut knallend auf den Boden, das stört die Leute natürlich, und die Mutter oder der Vater werden nervös. Wiederum besteht der erste sinnvolle Schritt darin, all das zu vergessen, was fast überall empfohlen wird: nämlich Grenzen zu setzen!

In diesem Fall war es ein kluger Vater, dem eine Lösung einfiel, allerdings eine eher männliche, die am »gesunden Anstand« deutscher Erziehung denn doch haarscharf vorbeischrammte. Machte aber Spaß, zuzusehen! Er nahm eine ganze Packung von Stofftaschentüchern, zog sämtliche zehn dieser Tüchlein, die sich darin befinden, heraus und drückte dem Kleinen eins nach dem anderen in die Hand. Und was tat der? Nun, selbstverständlich das, was er die ganze Zeit schon vorhatte – er schmiss das jeweils neu gereichte Papiertuch auf den Boden und freute sich. Da gehört es möglicherweise nicht hin, macht im Unterschied zu Löffel, Gabel und Spielzeug aber keinen Lärm.

Ungefähr nach dem achten Taschentuch wurde dem Kleinen die ganze Sache langweilig, und zwar alles, die Taschentücher und die ganze Schmeißerei. Das hatte man sich als Beobachter vorher an fünf Fingern abzählen können, und genau das hatte der »innovative« Vater auch bedacht.

Er schaute seinen kleinen Sohn an, der zog ein Gesicht, das bedeutete, dass alles Mögliche auf dieser schönen Welt ihn interessiere – nur eben Papiertaschentücher nicht, und zwar keine Spur. Nun musste der geschickte Vater nur noch Folgendes tun, nämlich die acht oder zehn Tüchlein vom Boden aufheben. Großzügig gerechnet eine Aktion von zwei Minuten.

Kein Geschrei, kein »forsches Nein«, keine Belästigung, keine Störung eines netten Nachmittags, der bei einem kinderfreundlichen Italiener beendet worden war. Nichts davon. Warum? Weil das glückliche Kind einen Vater hat, der sich von Prinzipien und dem, was die Leute sagen, und erst recht dem, was die Gehorsamspädagogen und -medien schwätzen, nicht im Geringsten beeindrucken ließ. Die waren dem so was von egal. Nicht egal war ihm nur sein Kind, und das strahlte. Und hatte allen Grund dazu!

Vielleicht fragen Sie empört: Und was hat das Kind jetzt gelernt? Hat es etwa Disziplin gelernt? Nein, aber Kreativität, Mut und Einfallsreichtum. Lauter Eigenschaften, die es in einer modernen Welt dringend benötigt. Die gute alte Normgesellschaft mit ihren Fabriktugenden geht allmählich dem Ende entgegen, es hat sich auch überall herumgesprochen. Nur bei vielen Pädagogen nicht und bei manchen Medienleuten, die sich mit Bildung befassen, auch nicht. Sonst weiß es jeder. Der kluge Vater offensichtlich auch, er machte überhaupt den Eindruck eines recht erfolgreichen jungen Mannes. Gehorsam hat das Kind sehr wohl gelernt, so wie ich ihn am Anfang dieses Buches beschrieben habe. Aber die altdeutsche Disziplin, die leider nicht. Da hat es ja nochmal Glück gehabt.

Dritter Trick:
Gott sei Dank gibt es Heringsdosen

Mit meiner kleinen Tochter bin ich gern einkaufen gegangen, da war sie vier, fünf Jahre alt. Für viele Eltern eine reine Tortur höre ich, für uns beide nicht – da habe ich eben Glück gehabt.

Natürlich kam auch mein Kind, kaum dass wir den Supermarkt betreten hatten, strahlend mit einer dieser als Joghurt verkleideten Zuckerdosen angerannt – »Darf ich das haben?« Durfte sie nicht, kam aber wenige Minuten später mit einem zum Verwechseln ähnlich ausschauenden »Zuckerjoghurt« angewetzt, erneut Nein. Dabei durfte ich es natürlich nicht belassen, sonst wäre aus dem Einkaufsspaß kein wirklicher Spaß geworden, sondern ein Konflikt entstanden.

In der Zwischenzeit hatte ich mich, ohne mich weiter um das Kind zu kümmern, hochinteressiert einem anderen Stand genähert, auf dem Heringsdosen aufgereiht waren. Ich nahm zwei davon in die Hand, rief das Kind zu mir und sagte: »Pass auf! Wir haben hier die Heringsdose mit der weichen, schlappen, schlaffen Tomatensoße, und auf der anderen Seite« – ich zeigte es ihr (nicht vergessen: weniger reden, mehr zeigen, gilt immer, also auch hier) – »haben wir die Heringe mit der scharfen, beißenden Currysoße, die gestern Abend in der Nase kitzelte und im Hals kratzte. Welche nehmen wir?«

Es gibt vermutlich überhaupt kein Kind auf der ganzen Welt, das nicht spontan nach der Currydose greift. Ich also: »Pack's in den Einkaufskorb«, und vor lauter Vorfreude auf das Nasekitzeln und das Kribbeln und Krabbeln im Hals war der Joghurt vergessen.

Aber so einfach ist es leider nicht immer.

Spätestens an der Kasse ereilt jede Mutter und jeden Vater eines Drei- oder Zweijährigen das Unglück, dort nämlich haben erbarmungslose Marketing-Menschen just in Augenhöhe der Kleinen irgendwelche Süßigkeiten aufgebaut, direkt vor die winzigen Nasen.

Dies will ich noch erwähnen, um zum einen deutlich zu machen: Nein, wir können uns nicht jeden Konflikt ersparen, und zum anderen, mit mehr Verstehen für ein Kind und weniger ängstlichem »Was sollen die Leute denken« (das ist die andere Seite der gehorsamen Seelen, der disziplinierten und auf Disziplin bedachten: die ewige Ängstlichkeit) sind auch unumgängliche Konflikte erträglich.

Dazu gehört zunächst einmal: Verstehen. Der Dreijährige hatte eine wunderbare Stunde erlebt, der ganze Supermarkt gehörte, seinem Gefühl nach, im Großen und Ganzen ihm, er hatte alles im Griff, Mama oder Papa immer an der Hand. Und nun sagt Mama »Nein«. Ihr bleibt nichts anderes übrig, sie kann nicht allem nachgeben. Aber sie sollte verstehen, dass sie damit eine kleine Tragödie in der Psyche ihres Kindes anrichtet – mit Mamas oder Papas Nein bricht nämlich der ganze herrliche Nachmittag mit dem wohlig mächtigen Selbstgefühl in sich zusammen, sackt sozusagen ein, schrumpft zu einem Nichts. Unser Kleines fühlt sich jetzt verloren und allein. Sein berauschendes Welt-Gefühl ist ganz und gar zerbrochen.

Nein, Sie können als Vater oder Mutter gar nichts dagegen tun, aber zweierlei sollten Sie beachten. Zum einen: Ihr

Kind ist jetzt so verzweifelt, weil es sich ja mit seinem »Ich-bin-der-Größte«-Weltgefühl ganz auf Sie verlassen hatte. Wenn ein Kind dieses schöne, stolze »Ich bin stark«-Gefühl hat, dann meint es immer »Papa ist stark, also ich auch«. Für Mütter gilt das Gleiche (das rasch angemerkt für die Vertreterinnen des Gendermainstreaming). Ihr Kind ist verzweifelt, weil es sich so total auf Sie verlassen hat. Das heißt aber auch: Ihr Kind ist ein – in der Sprache der Bindungstheorie – »sicher gebundenes Kind«, ein vertrauensvolles. Diese Einsicht hilft dem Kind jetzt gar nicht, Ihnen aber! Sie schauen also vergnügt auf die Reihe der murrend an der Kasse Wartenden und scheren sich keinen Deut um deren abweisende oder ärgerliche Gesichter, sondern denken: Mein Kind, es vertraut mir. Das habe ich wunderbar hinbekommen.

Indem Sie exakt dies denken, verändern sich der Blick Ihrer Augen, der Klang Ihrer Stimme und die Haltung Ihres Körpers, wenn Sie sich tröstend zu dem Kleinen herunterbeugen, ihn in den Arm nehmen und flüstern: »*Ach mein Kind, es ist aber auch so unendlich schwer, groß zu werden!*« Den Kummer können Sie Ihrem Kind nicht ersparen, aber solcher Trost hilft. Immer!

Sollten Sie freilich Disziplinideen im Kopf haben, möglicherweise der Vermutung folgen, Ihr Kind führe soeben einen »Machtkampf« mit Ihnen aus, sollten Sie sich gar vor Winterhoffs »Machtumkehr« fürchten, dann können Sie dem Kind in dieser für seine kleine Seele tatsächlich schweren Situation nicht helfen. Dann fehlen eben der versöhnliche Klang Ihrer Stimme, das Mitgefühl in Ihrem Blick, dann haben Sie sich den Zugang zur Seele Ihres Kindes verbaut.

Was wird daraufhin geschehen, aller Wahrscheinlichkeit nach? Sie werden – möglicherweise mit ängstlichem Blick auf die immer noch murrende Schlange vor der Kasse – Ihr kreischendes, ungetröstetes Kind aus dem Supermarkt zerren und an der Eingangstür, völlig erschöpft, seufzen: »Mit dir geh ich nie wieder einkaufen.« Wie schade! Ich sagte es ja eingangs, einkaufen mit kleinen Kindern ist ein Riesenspaß. Den sollte man nutzen, sooft es geht. In vier oder fünf Jahren ist es vorbei, dann wird das Kind nicht mehr vergnügt neben Ihnen durch den Supermarkt trotten. Vielleicht haben Sie es dann allein zum Einkaufen geschickt, ganz vernünftig, aber eben ganz und gar nicht dasselbe wie der Einkaufsspaß, von dem ich anfangs erzählt habe.

Das ist dann vorbei. Für immer.

In einem Fernsehgespräch mit Bernhard Bueb habe ich gesagt und will es zum Schluss wiederholen: Lassen Sie sich von den Disziplinpredigern doch nicht die Freude an Ihrem Kind verderben. Kinder sind eine große Liebesgeschichte, die Gehorsamspädagogen wollen Sie eben darum betrügen.

Schon wieder ein Prinzipienreiter!
Nichts wie weg hier

Die Sache mit den Heringsdosen war natürlich nur ein Trick und keine verbrieftes Erziehungsprinzip. Aber überlegen wir einmal, wie oft, ja unablässig, wir uns in unserem Leben mit einer Trickserei hier, mit einer geschickten Verstellung oder dem Aufschieben von Aufgaben (bis sie sich selber erledigt haben) durchs Leben schlagen.

Die Welt wird nicht beherrschbar dadurch, dass man sich Prinzipien setzt und sie dann gehorsam, »Schritt für Schritt«, verfolgt. Im Leben kommen wir gut zurecht, weil wir unablässig mit einer gewissen Kreativität mal in die eine, mal in die andere Richtung gehen, mal das eine Verhalten für angemessen halten und eine Stunde später schon wieder ein ganz entgegengesetztes.

Nur bei den Kindern und unserem Umgang mit ihnen soll alles ganz prinzipiell zugehen, nur hier wird jede kleinste Verhaltensweise auf den Prüfstand richtiger oder falscher Erziehungsnormen gestellt, nur hier herrscht diese geradezu »natürliche« Weltfremdheit.

Mit einer überzeugten Prinzipientreue, die wir uns selbst nie zumuten würden, versuchen wir unsere Kinder zu erziehen und ihnen ausgerechnet auf diese Weise Realitätsfähigkeit beizubringen. Mit Prinzipien kommt man aber nur ganz schlecht durchs Leben. Prinzipientreue Beispiele aus der Historie endeten zwar manchmal heroisch, aber selten glücklich. Mit dem starren Festhalten an dieser oder jener Überzeugung macht man sich das Leben schwer und ein gutes Gewissen, das auch irgendwie nicht richtig zufriedenstellt – sonst nichts.

Wir wissen das natürlich, tun aber bei unseren Kindern just das Gegenteil. Jedes Anschauen eines harmlosen Trickfilms muss vor genauen Erziehungsprinzipien gerechtfertigt werden. Für jedes Eis, das es zusätzlich gibt, stellen wir ellenlange Überlegungen an oder – was noch schlimmer ist – verbieten es aus grundsätzlichen Erwägungen. Wer so verkniffen und zerknirscht durch den Alltag läuft, hat natürlich wenig Spaß am Leben. Doch just damit – mit Spaß, Freude, Lust auf Leben und Veränderung – heizen wir die

Achtsamkeit, die Intelligenz, die Feinheiten der Wahrnehmung und eine Reihe weiterer pädagogisch höchst angesehener Eigenschaften bei unseren Kindern an.

Ihnen Verbote überzustülpen, bewirkt exakt das Gegenteil, fällt aber leicht. Viele Pädagogen, die von der Welt der Kinder keine Ahnung haben, unterstützen die Eltern auf diesen Irrwegen. Und machen ihnen ein schlechtes Gewissen, wenn sie sich lebendig, bunt und vielfältig verhalten, wie das Leben eben mal ist und sein soll.

Menschen, die mit sturen Prinzipien durchs Leben gehen, sind uns in aller Regel nicht sympathisch. Meist wirken sie unfroh und wir trauen ihnen nicht. Es sind Leute, die ihre Prinzipien immer zu »150% Prozent« übererfüllen, die immer alles nach Gesetz und Moral richtig machen wollen, denen es deshalb an einem Gefühl für die vielen kleinen Nischen und Ecken, die lustvollen Zwischenräume, die das Leben unüberschaubar und bunt machen, gründlich fehlt. Nein, Prinzipienreiter mögen wir nicht, weder in den Bürokratien noch in den Schulen. Und warum sollen wir ausgerechnet, wenn wir mit der Erziehung von Kindern – also im Großen und Ganzen kleiner, vergnügter, lebensfroher und schutzbedürftiger Wesen – befasst sind, plötzlich alle zu Prinzipienreitern werden?

Damit sie starke Kinder werden, mutige, kreative?

Die guten alten Werte waren möglicherweise in der »guten alten Zeit« irgendwie »gut« (woran ich freilich erhebliche Zweifel habe), heute sind sie jedenfalls nur noch alt, der Zeit und der lebendigen Welt der Kinder enthoben.

Dazu fällt mir ein Beispiel ein, wie man mit eindeutigen Lösungen und glasklaren Entscheidungen sich das Leben nur schwer machen kann – und das eines Kindes auch. Zwei Eltern kamen in meine Praxis, ein leicht verstörter, leicht desorganisierter Junge zwischen ihnen. Neben vielen anderen Problemen, über die wir zu sprechen hatten, trat ganz zum Schluss ein weiteres hinzu. Offensichtlich bewegte es die Eltern schon lange und sie hatten keine Lösung dafür gefunden.

Sie erzählten, dass eine Grundschullehrerin, offenbar eine kluge Pädagogin, sie darauf aufmerksam gemacht habe, dass ihr Sohn vermutlich ein Linkshänder sei. Er schrieb, aß und arbeitete aber vor allem mit der *rechten* Hand. Die versteckte Linkshändigkeit, so die Lehrerin, könnte die Ursache für seine Rechtschreibschwäche und seine »missratene Klaue« sein. Sie hatte vermutlich Recht, bei weiteren Untersuchungen und Übungen zeigte sich tatsächlich eine starke Tendenz zur Linkshändigkeit, die dieser Junge offensichtlich seit seinem zweiten Lebensjahr unterdrückt hatte, oder die ihm abdressiert worden war. Nun sollte er also, entsprechend den Untersuchungsdaten, wieder mit »links« schreiben, mit der linken Hand abends den Tisch decken oder Ball spielen. Das ging natürlich schief.

Die Diagnose war durchaus zutreffend, der Junge war vorwiegend linkshändig, die Gesamtheit seiner Bewegungen und seiner perspektivischen Wahrnehmungen bezeugte das. Aber linkshändiges Schreiben machte ihm zu schaffen, mal, so berichteten die Eltern verstört, schreibe er mit links und dann wieder mit rechts, mal decke er den Abendbrottisch mit der linken, mal mit der rechten Hand, beim Ballspielen ebenso. Was man denn nur machen könne, fragten sie. Meine Antwort, vielleicht ein bisschen zu lapidar: »*Gar nichts.*«

Erstens gibt es kein diagnostisches Verfahren, das Links- oder Rechtshändigkeit mit restloser Klarheit feststellen kann, es gibt in der kindlichen Entwicklung überhaupt ganz selten Klarheiten, zum zweiten wäre selbst ein eindeutiges diagnostisches Ergebnis ja auch nur eine abstrakte Feststellung. *Eigentlich* ist der Junge linkshändig, zur Qual wird das für den Kleinen aber erst, wenn aus der Diagnose nun eine erzieherische Norm gemacht wird (wie es möglicherweise in seiner frühen Kindheit schon einmal passiert ist, falls er tatsächlich auf die »richtige Hand« umtrainiert wurde, was keineswegs unwahrscheinlich ist).

Das Problem ist weder seine Links- noch Rechtshändigkeit, sondern der Drang der Erwachsenen, aus einem von beiden eine Norm zu machen. Die Eltern waren ernsthaft besorgt, ein wenig verzweifelt. Was ist denn nun richtig? Links oder rechts? Die Antwort: Es gibt kein richtig. Oder doch, so, wie der Kleine es sich angewöhnt hatte, genau so war es »richtig«. Mal so, mal so. Gerade so, wie es ihm in den Sinn kommt (nicht einmal die Ursachen dafür, wann er von der einen Hand in die andere wechselt, sind diagnostisch feststellbar).

Mein lapidares »*nichts tun*« sollte darauf hinauslaufen, dass die Eltern und ihr Kind keineswegs eine klare, eindeutige, »richtige« Entscheidung treffen müssen, ja, dass sie dazu auch gar nicht in der Lage seien. Würde man eine (unterstellt: es gäbe sie) korrekte, diagnostisch begründete Links- oder Rechtshändigkeit bei dem Kind durchsetzen, so würde man es doch gegen seine 7-jährige Lebenserfahrung, die Organisation seiner Muskeln und Nerven und der entsprechenden Gehirnformationen einzustellen versuchen. Was würde daraus folgen? Der Junge wäre noch verwirrter als er eh schon ist.

Die Lösung des Problems ist ganz einfach: Es gibt keine Lösung. Sobald man sie nicht mehr ansteuert, löst sich das Problem weitgehend in Nichts auf. So ist es mit sehr, sehr vielen Erziehungsfragen, das ist fast schon so etwas wie ein *Prinzip*.

Kinder sind soziale Wesen – wenn wir es ihnen nicht austreiben

Viel zu lange hält sich die Vorstellung schon, dass Regeln etwas Äußerliches sind, dass Ordnung und Grenzen etwas sind, das mit einer gewissen Gewalttätigkeit in das Kind hineingestopft oder ihm aufgepfropft, ihm jedenfalls von außen aufgezwungen werden muss. Das ist natürlich falsch.

Wir freuen uns doch alle, wenn wir Menschen treffen, Freunde oder alte Schulkameraden – unsere Kinder noch viel mehr als wir, denn sie sind mit uns verglichen viel sozialer. Sie freuen sich darauf, obwohl sie doch wissen, dass sie sich dann in einer »Gemeinschaft« bewegen, also an bestimmte Regeln halten müssen, dass sie sich nicht benehmen dürfen, wie es ihnen gerade in den Kopf kommt und dass sich auch nicht jederzeit der ganze Kindergeburtstag oder das Schulfest nur um sie dreht. Selbstverständlich wissen sie das – sie freuen sich trotzdem darauf.

Die »Grenzen«, wie Pädagogen gern sagen, die Regeln, die dort zu beachten sind, stören ihre Freude keineswegs.

Sie gehören eben mit zu einer sozialen Veranstaltung, einer Gemeinsamkeit, Kinder wissen das.

Menschen sind soziale Wesen, wir brauchen Gemeinschaft, ganz allein werden wir unglücklich. Das heißt auch, dass wir die Regeln und die Ordnung des Sozialen in uns aufgenommen haben. Sie sind uns gar nicht äußerlich, sie sind Teil unseres Selbst. Für Kinder gilt das erst recht.

Halten wir fest: Nein, Regeln und Ordnungen, überhaupt die ganz eigenartige Ordnung der Welt, faszinieren schon die 1- und 1 ½-Jährigen, sie gehen mutig und neugierig darauf zu, sie lernen sich selber als Körper kennen, indem sie mit Objekten hantieren und dabei deren Eigenart beachten, so gut sie es eben vermögen. So lernen sie die Dinge kennen und so überwinden sie auch die Scheu vor der Fremdheit der Welt. Sie lernen sich als gemeinschaftliches Wesen kennen, indem sie mit anderen spielen. Jeder Nachmittag mit Freunden beglückt sie – auch dann, wenn das eine oder andere mächtig schief lief. Dann haben sie sich als soziale Wesen noch besser kennen gelernt.

Gemeinschaftlichkeit und Ordnung sind ganz tief in unserem Selbst enthalten, ohne sie erkranken wir seelisch.

Wenn wir ihnen freilich diese vielfältige Welt und das gemeinschaftliche kindliche Wesen als eigenes Handeln und Wollen austreiben und an deren Stelle starre Regeln setzen, die wir ihnen aufzwingen, dann stiften wir Feindschaft zu ihrem ursprünglichen Gemeinschaftsgefühl, Feindschaft zu ihrer vorbehaltlosen Norm. *Die Disziplinpädagogik stiftet, genau betrachtet, Feindschaft eines Kindes gegen sich selbst.*

Noch ein Beispiel: Wir freuen uns als Erwachsene auf ein Klassentreffen. Stellen wir uns nun vor, urplötzlich kämen eine oder mehrere Personen mit übermächtiger oder anonymer Macht ausgestattet auf uns zu und würden uns dieses Klassentreffen nicht nur erlauben, sondern uns dazu zwingen, würden uns penibel die Vorschriften aufzeigen, die dabei zu beachten sind, möglicherweise mit uns einen Vertrag über korrektes Verhalten abschließen (neuerdings unter Pädagogen so üblich), in dem wir uns verpflichten, dies oder jenes haargenau zu beachten. Unsere Freude auf das Klassentreffen wäre dahin, unsere Erwartungsspanne würde immer dünner. Wir hätten eigentlich gar keine Lust mehr.

Bleibt die Frage, wieso es den Kindern ganz anders gehen sollte als uns? Vor jedem Vergnügen werden Anordnungen und Regeln und Grenzen und was pädagogisch gesinnten Menschen sonst so ans Herz gewachsen ist, über die Kleinen gestülpt – es ist ein Wunder, dass sie überhaupt noch zu Gemeinschaftsveranstaltungen gehen mögen.

Nun, sicher, sie wollen immer noch! Ich sagte ja, sie sind zutiefst soziale Wesen. Aber unser eifriges Herumgezerre und die vielen Ermahnungen machen oft aus einer frohen Erwartung eine Hemmung, etwas Verängstigtes. Was man wieder alles falsch machen kann! Wir beschweren uns dann über mürrische, lustlose, bewegungsarme und egoistische Kinder und nennen sie »Tyrannen«.

Es ist immer dasselbe Beispiel, das einem vorgehalten wird: die Straßen und die Autos. Das hat ja auf den ersten Blick auch eine große Plausibilität. Also gut, antwortet mir ein Kritiker, wir sollen die Kinder also nicht dauernd regulieren, ihnen möglichst wenige oder gar keine Grenzen setzen, »aber«, an dieser Stelle wird die pädagogisch-kritische

Stimme meist leicht angehoben, »wie stellen Sie sich das denn im modernen Straßenverkehr vor. Ein 3-Jähriger läuft auf die von Autos stark befahrene Straße, soll ich ihn jetzt einfach laufen lassen?«

Nun, man merkt sofort, dies ist eine rhetorische Frage. Natürlich weiß der Kritiker ebenso gut wie ich, dass man einen 3-Jährigen nicht einfach auf eine Straße laufen lässt. Aber darum geht es ja gar nicht. Ein kleiner Junge, der voller Impulsivität und Lebensmut auf eine viel befahrene Straße rennt oder jedenfalls zu ihr hinrennt (und Mama oder Papa wissen nicht genau, ob er denn nun auch rechtzeitig am Straßenrand stehen bleibt), den muss man natürlich zurückhalten oder zurückholen. Das ist ja ganz klar!

Nun ist es aber schon ein wichtiger Unterschied, *wie* ich ihn zurückhalte. Wenn ich ihn zunächst loslaufen lasse, dann erschrocken hinter ihm her hetze, mit hochrotem Kopf und keuchendem Atem, wenn ich den Kleinen fest am Arm zerre oder ihm gar einen Klaps gebe – »*Das machst du nicht noch mal*«, mit entsprechend scharfem Ton – dann habe ich ihn genau so von der gefährlichen Straße ferngehalten, wie ich es mit freundlicheren Worten und weniger heftigem Griff auch getan hätte.

Bei meiner ersten Verhaltensweise – der hetzenden, schimpfenden, strafenden – gehe ich allerdings zusätzlich ein ziemlich hohes Risiko ein. Das Risiko besteht nämlich darin, dass der Kleine sich rüttelt und schüttelt, den festhaltenden Arm von Vater oder Mama oder einem anderen Erwachsenen am liebsten ganz wegzerren möchte und nur noch eines im Sinn hat: »*Nix wie weg!*«

»Nix wie weg« kann sehr wohl in Richtung Straße sein, vor lauter Wut, Kränkung und Impulsivität stürzt der Kleine einfach drauflos, kurzum: durch meine Heftigkeit ist die Gefahr nicht geringer, sondern größer geworden im Vergleich zu einem ruhigeren Vorgehen.

Lernen muss ein Kleines trotzdem, dass Autos und Straßen gefährlich sind. Straßen, mit Autos und rücksichtslosen Radfahrern, und Kinder, das passt schlecht zusammen! Da in unserer Kultur Autos und Radfahrer und überhaupt alles, was ganz schnell vorankommen will, wichtiger sind als Kinder, ist mit Vorsicht und Behutsamkeit auf unseren Straßen nicht zu rechnen.

Wie machen wir es also richtig? Zum einen, indem wir an einem Kind nicht herumzerren, sondern es in den Arm nehmen, ihm ohne Hast und Aggressivität über den Kopf streicheln und versuchen, aus Straße und Auto eine einem Kind sinnvolle Erfahrung zu machen, beispielsweise mit folgenden Worten: »*Schau mal, wie schnell diese Autos fahren. Das sieht toll aus. Aber wenn du von so einem rasenden Auto erfasst wirst, dann liegst du da, dann bist du ganz, ganz schwer krank, vielleicht bist du sogar tot. Stell dir mal vor, wie traurig Mama und Papa sind, wenn sie ihren kleinen Jungen nicht mehr haben!*« Sie dürfen getrost von ihren eigenen Worten schon leicht erschüttert sein, vielleicht rinnen dem Kind auch ein paar Tränen aus den Augen, gemeinsam schauen Sie mit leicht feuchten Augen in Richtung der gefährlichen Straße, halten das Kind noch etwas fester in Ihrem Arm und schließen: »*Nein, nein, das können wir uns nicht zumuten. Das darf ja überhaupt nicht sein! Wir bleiben jetzt erst einmal von der Straße weg und gehen nachher, wir zwei beide, wir alle gemeinsam, über diese gefährliche Straße. Ich zeige dir, wie man das macht.*«

Natürlich ist der Kleine jetzt aufmerksam, Mama oder

Papa haben ihm ja in Aussicht gestellt, dass er schon wieder etwas lernen wird, worauf er dann stolz ist. Wie überquere ich eine Straße, ohne dass mich so ein rasantes Auto erwischt? Das ist für ein Kind ein ganz großes Abenteuer und ein kleines Versprechen. *Mama oder Papa werden es mir zeigen und danach bin ich noch ein Stück größer und schlauer als ich jetzt schon bin.*

Allein die Frage, wie man ein Kind von einer lebhaft befahrenen Straße weghält, lässt also zwei sehr, sehr unterschiedliche Erziehungsstile zu, der erste, *der grenzziehende (und wenn es sein muss, mit aller Gewalt), ist ganz offensichtlich der riskantere*. Und warum handeln viele Eltern trotzdem so, gegen ihr eigenes Interesse und auf Risiko des Kindes? Mindestens haben sie die falschen Erziehungsvorstellungen im Kopf, mindestens meinen sie offenbar, sie müssten jetzt mal hart durchgreifen, wie manche pädagogisierenden Experten empfehlen. Das zweite Beispiel ist im Vergleich dazu ungleich vernünftiger, die Bindung zwischen Kind und Eltern wird nicht in Frage gestellt, sondern gefestigt und aus eben diesem Grund wird das Kind die Gefährdung der Straße in sich aufnehmen, wird die Ermahnung nicht einfach abschütteln, sondern wird sie zum Teil seines eigenen »Erwachsen-Werdens« (und welches Kind will nicht erwachsen werden) aufnehmen.

Nun gibt es aber noch einen weiteren Punkt, genauso wichtig. Die Frage ist nämlich, wie dem Kind beigebracht wurde, dass Autos gefährlich sind. Das sollte man am besten vorher einrichten, bevor sich eine Situation wie die eben geschilderte überhaupt eingestellt hat. Ein positives Beispiel dafür sieht so aus: Sie sind Hand in Hand mit Ihrem kleinen Sohn unterwegs, Sie haben beide gute Laune, vielleicht wollen Sie in eine Eisdiele (was Kinder jederzeit und auch in den trübsten Momenten zu einer abrupten guten Laune veranlasst) und dann rennen Sie einfach gemeinsam mit dem Kleinen los, in Richtung der Straße und bleiben drei, vier Meter vorher ganz bewusst, ganz abrupt stehen, sozusagen mit Vollbremsung! Und dann schauen Sie sich an, Mama und Sohn oder Papa und Tochter und lachen. Jetzt ist die Gefahr der Straße entschärft, macht nicht mehr dumpfe, dunkle Angst, sondern wird beherrscht. »Wir zwei beide«, wir werden schon aufpassen, dass uns die doofen Autos und die Raser auf ihren Rädern nicht erwischen. Nicht mit uns. Jetzt ist dies im Lebenswillen des Kindes verankert. So erzieht man, nichts ist Hetzen und Rütteln und Strafen.

Sogar die Gehirnforscher bestätigen uns diese leicht einsehbare Grundregel des erzieherischen Verhaltens: Alles, was nicht in Tiefenregionen des Gehirns aufgenommen und von ihnen stimuliert in die Bewusstseinsareale der oberen Hirnschichten gespeichert wird, wird vergessen. Es verblasst oder löst sogar Widerwillen aus. Dazu gehört auch Mama, die hastig hinter ihrem Kleinen herhetzt, der sich soeben neugierig den Autos auf der Straße nähert. Ihr Schimpfen und Strafen bewirken exakt das Gegenteil dessen, was die an sich liebevoll-besorgte Mutter erreichen wollte. Anders gesagt: Es ist nicht nur so, dass es auch ohne Strafe und Schimpfen eine wirksame Erziehung gibt, es ist vielmehr so, dass Schimpfen und Strafen jede Erziehung beeinträchtigt, behindert, stört und letztlich zerstört.

Nachwort
Bloß nicht schon wieder »Nein!«

Manchmal muss man Nein sagen und auch dabei bleiben. Das ist nun einmal so! Wieso über solche schlichten Tatsachen ganze Bücher veröffentlicht werden, ist mir manchmal schleierhaft – aber sei es drum. »Nein« ist ein Wort, das in der menschlichen Kommunikation ganz unentbehrlich ist und insofern leider auch in der Beziehung zwischen Eltern und Kindern.

Aber Kommunikation ist nicht einfach, sie ist kompliziert. Nur wer in allgemeinen Sätzen darüber redet, erzeugt eine Selbstverständlichkeit nach der anderen. Je genauer wir hinschauen – das ist in der Erziehung von Kindern ebenso wie in Liebesgeschichten –, desto komplexer wird alles, differenzierter, oft sogar so schwierig, dass man mit der Sprache kaum hinterherkommt.

So also auch bei dem Nein. Es führt kein Weg darum herum. Alles hängt von der Feinheit der Kommunikation ab, von den Zwischentönen, von den vielen unauffälligen Gesten, dem Klang der Stimme, der Falte auf der Stirn. All dies ist wichtig, im Umgang mit Kindern vermutlich wichtiger als in irgendeinem anderen Kontakt sonst.

Kinder haben Sprache ja gerade erst gelernt – vielleicht vor Monaten, vielleicht vor Jahren, jedenfalls ist es noch nicht lange her. Sprache ist für sie noch nicht selbstverständlich. Deswegen achten sie mit so verblüffender Sensibilität auf die begleitenden Gesten, die ruhigen oder unruhigen Körperbewegungen, während Mama oder Papa spricht, die Falte auf der Stirn, das Verschwinden der Falte, das Wackeln mit dem Kopf – alles ist wichtig.

Alles wird aufgenommen, und alles formt und »moduliert« dieses »Nein«, vom unerträglichen harten bis hin zum versöhnlichen »Nein«.
Mit anderen Worten: »Nein« ist nicht »Nein«. Das eine Nein ist immerhin erträglich, das andere wird bereitwillig akzeptiert und das dritte erzeugt ein wütendes Geheule und Geschrei und einen anhaltenden Konflikt. Haben wir das begriffen, dann haben wir ein Gutteil der familiären Katastrophen schon aus der Welt geschafft.

Jedes harte Wort mag ganz abstrakt gesehen pädagogisch-moralisch durchaus berechtigt sein, durch die Art des Redens entscheidet es sich aber erst, ob es ein sinnvolles Verbot oder Nein war – oder eben nicht.

Wir tun uns so viel darauf zugute, dass wir unseren Kindern alles »erklären«. Wie unkindlich das ist. Nein, auch das gehört zu den Geheimnissen der Erziehung: Im richtigen Augenblick etwas nicht auszusprechen, den Mund zu halten, zu warten und zu schweigen. Der Weg des Seelischen zur Wahrheit führt immer und ausschließlich über Umwege.

Werfen wir nun noch einen kurzen Blick auf unsere Disziplinpädagogen. Bei ihnen gibt es gar nichts Verstecktes. Jedes Kind muss zu jeder Sekunde damit rechnen, dass es bei Regelverstößen erwischt wird – und natürlich bestraft. Von Strafen sprechen sie in den euphorischsten Tönen. So erzogene Kinder haben keine innere Wahrheit, sie hören auf Befehle und befolgen sie oder, wahrscheinlicher, unterlaufen sie. Innerseelische Auseinandersetzungen, die die Voraussetzungen dafür sind, dass ein Kind überhaupt moralische Werte entwickelt und nicht einfach nur »pariert«, finden im Weltbild der Gehorsamspädagogen erst gar nicht statt. Es gibt keine Wahrheit bei ihnen. Es gibt nur Befehle.

Ein Nein, das nicht nur »konsequent«, wie Pädagogen gern sagen, sondern barsch und gereizt gesprochen wird, führt unvermeidlich dazu, dass ein Kind sich gekränkt fühlt, abgewiesen, etwas pathetisch gesagt, als sei es aus Mamas oder Papas Liebe herausgefallen. Damit kommt ein Kind nicht klar, deswegen schreit es. Es steigert sich in das Geschrei hinein, sein kleines unfertiges Ich lehnt sich auf gegen die Zumutung, gar kein »Ich« zu sein, sondern ein »Nicht-Ich«, das nicht einmal wert ist, von Mama und Papa geliebt zu werden. So tief geht das, täuschen wir uns nicht.

Der Befehl oder die harsche Verneinung, die nichts anderes im Sinn hat als sich auf Biegen und Brechen durchzusetzen, nimmt keine Rücksicht auf das Kind, fühlt das Kind nicht, und wenn Vater, Mutter oder andere Betreuungspersonen ein 3- oder 4-jähriges Kind nicht liebevoll fühlen, dann ist das Kleine ganz verloren. Es weiß ja selber nicht mehr recht, wer es ist. Es spiegelt sich ja fortwährend in Mamas und Papas Gefühlsbindungen und den allerfrühesten unbewussten Erinnerungen. Das barsche Nein untergräbt dies alles.

Wer auf einen harten Befehl hin ein erschrockenes Kind dazu veranlasst, endlich einmal zu tun, was ihm gesagt worden ist, der hat einen Pyrrhussieg errungen. Er hat das Ichs geschwächt und an die Stelle des Ich Gehorsam gesetzt. So etwas rächt sich!

Nun ist es traurigerweise so, dass die *nur* nachsichtige, *nur* behutsame Variante des Nein auch oft schiefgeht. Ein freundliches, fast zögernd gesprochenes Nein verleitet ein kluges Kind nämlich dazu, erst einmal auszuprobieren, ob Mama oder Papa das überhaupt ernst gemeint haben. Kinder, ich sagte es, haben ein feines Ohr für Nebenbedeutungen, für das, was in der Stimme schwingt, mehr als für das, was diese Stimme bewusst ausspricht.

Das Zögerliche wird also schlauerweise so interpretiert, dass unser Kind noch eine Chance hat. Die nutzt es. Es bettelt rum, zerrt an seinen und an Mamas Nerven, wird vor lauter Betteln und der stillen Hoffnung, dass es seinen kleinen Dickkopf ja doch noch durchsetzen kann, immer zappliger, immer unruhiger, aber auch immer enttäuschter und kann sich deswegen – paradoxerweise – ausgerechnet durch ein nachsichtiges, freundlich gesprochenes Nein erst recht in eine Krise hineinbugsieren. So ist es also auch falsch.

Und wie, um Himmels willen, ist es jetzt richtig? Das barsche »Nein« war ganz falsch, das freundliche »Nein« *ziemlich* falsch – ja, was denn nun?

Feingefühl, auf die Feinheiten achten, auf den Klang der eigenen Stimme, Achtsamkeit üben. Im Umgang mit Ihrem Kind lernen Sie, die Feingliederung Ihrer Sprache zu erkennen und deren Bedeutung wahrzunehmen. Im Umgang mit Ihrem Kind lernen Sie Feinheiten der Kommunikation, die keineswegs nur für Kinder gelten, sondern für Erwachsene auch. Dies ist nebenbei bemerkt einer der Gründe, warum Mütter, sobald sie in den Beruf zurückgekehrt sind, eine ganz wertvolle Bereicherung eines Betriebes sein können, nicht nur in der fachlichen Arbeit, sondern vor allem in der kommunikativen Kompetenz. So viel Feinheit, so viel gegliedertes Wissen um die eigene Gestik, die Mimik, die Sprachlaute hat sonst kaum ein Mensch.

Ich weiß schon, die Frage nach dem richtigen Nein habe ich immer noch nicht beantwortet. Aber der Umweg war notwendig, um aufmerksam, ja achtsam zu machen auf das, worauf es ankommt. Das erkläre ich Ihnen jetzt.

Das »Nein« muss von Anfang an einen Klang von Bestimmtheit haben, der jede Möglichkeit, dass es zurückgenommen würde oder durch ein »Vielleicht« oder »Wollen mal sehen« ersetzt werden könnte, ganz und gar ausschließt. Ja, werden Sie einwenden, ist dies nicht just mit dem barschen »Nein«, das Sie – also ich, der Autor! – anfangs so rabiat abgelehnt haben, bereits erreicht? Eben nicht.

Das barsche »Nein!« erschreckt, der Sinn geht darüber verloren, nur das Verbot des kindlichen Wunsches, nur die rüde Wand, die sich zwischen das Kind und seine Bedürftigkeit schiebt, ist in diesem »Nein« artikuliert. Das ist zu wenig.

Die Entschiedenheit, von der ich rede, hat einen anderen Charakter. Sie stellt das Nein fest wie eine Tatsache. Aber eine Tatsache muss man nicht aufbauschen, man muss nicht Grobheit in die eigene Stimme legen, um etwas ganz Selbstverständliches zu behaupten. Erst recht nicht, nebenbei bemerkt, auf eine Weise, die im Klang der Stimme dem Trotzanfall eines Kindes verblüffend ähnelt.

Das »Nein«, für das ich plädiere (aber es sollte selten und wohlüberlegt sein), hat etwas Endgültiges, aber nichts *Beziehungsleeres*. Das ist das ganze Geheimnis! Ich schaue ein Kind an, ich schüttele leise freundlich, vielleicht sogar lächelnd den Kopf und sage mit einer bestimmten Endgültigkeit, aber ohne Barschheit, ohne überflüssige Kraft, ohne Behauptungswillen, einfach und schlicht »Nein«. Vielleicht kommt eine Nachfrage, da muss ein Erwachsener ja nicht gleich ungeduldig werden. Wieder zuerst das Lächeln, wieder das Verneinen mit dem Kopf und freundlich und wieder endgültig: »Nein.«

Nein ist, wenn es gut begründet ist, nichts anderes als die Feststellung der Realität. Mit Realitäten finden Kinder sich ab, das haben sie früh gelernt. Mit einem unaufgeregten Nein ebenso, weil es schlicht nur eine Tatsache wiedergibt, an der nun einmal nicht zu rütteln ist.

Im Nein muss — etwas philosophisch formuliert — ein Stück Wahrheit verborgen sein. »Vielleicht verstehst du es jetzt nicht, mein Kind, aber mein Nein schützt dich. Warum? Weil die Realität so ist, dass ein ›Ja‹ dich beschädigen könnte.«

Verstehen Kinder das? Natürlich nicht. Fühlen sie es? Aber ja, wenn dieses Nein nicht Gehorsam erheischend, disziplinarisch hart, sondern wie eine bedauerliche, aber unumgängliche Realität der »Weltordnung« von Mama oder Papa ausgesprochen wird. Glauben Sie bloß nicht, dass ein Kind das nicht längst weiß: Manchmal schützt ein Nein mich auch! Nur das auf Unterwerfung peilende, das Disziplin-Nein, das schützt natürlich nicht, sondern macht ohnmächtig und klein.

Wir müssen beides auseinanderhalten — aber sorgfältig, dann brauchen wir keine Bücher über das »richtige Nein« zu lesen, sondern halten uns einfach an die Realität, unsere Liebe für das Kind und an uns selbst.

Ein sehr hübscher Trick an dieser Stelle, den ich noch schnell hinzufüge, besteht im Übrigen darin, dem noch grummelnden Kleinen zu erklären, dass man jetzt eine Aufgabe zu erledigen habe, die man allein auf gar keinen Fall schaffe. *»Völlig unmöglich! Wir müssen ja noch Apfelsi-*

nen kaufen, es ist aber schon 3 Minuten vor 19:00 Uhr. Um 19:00 Uhr machen die ihren Laden zu. Möchte wissen, warum die Läden immer so früh geschlossen werden...«, seufzen Sie. Das Kind wird schon eifrig, Kinder lieben Ziele, die ganz schwer zu erreichen sind. Das Kind kräht: »*Ziehe dich doch an, Mama, mach mal ein bisschen schnell, was redest du hier stundenlang herum, wir werden heute Abend keine Apfelsinen haben!*«

Das Kind lernt in dieser Situation vieles gleichzeitig, beispielsweise einen Anorak schnell anzuziehen, wofür Sie morgens vor der Schule immer eine gute Viertelstunde benötigen, das Kind lernt die Treppe hinunterzustürzen, ohne zu fallen, es lernt, verzichtet zu haben, ohne dabei auf die Kraft des Wünschens gleich mit zu verzichten, ohne Selbstentwertung, ohne Selbstzweifel, es lernt, klug und zielorientiert und letztlich – wenn die Orangen dann doch noch eingepackt worden sind – erfolgreich zu sein. Das »Nein« ist inzwischen längst vergessen bzw. so stimmt es gar nicht: Vergessen ist es nicht, es ist aufgegangen in ein anderes produktives Verhalten.

Das barsche »Nein« im Befehlston geht nie in etwas anderem auf, es bleibt nur wie eine kleine Last zurück, eine Störung in der Kommunikation. Etwas Lebloses, das man nie wieder in das lebendige Miteinander mit einem Kind integrieren kann.

Ablenken, das ist ein bekannter Grundsatz, um Wutanfällen der Kleinen vorzubeugen. Aber auf dem Hintergrund dessen, was wir vorher über das Staunen gesagt haben, kann man dieses »Ablenken« noch sehr viel genauer fassen. Ich nenne es erst einmal ein bisschen abstrakt einen »Perspektivwechsel«. Die Sache mit den Heringsdosen – den scharfen und tomatig-schlappen – geht in dieselbe Richtung.

Stellen wir uns einen Weihnachtsmarkt vor, der Kleine will dies, er will das, die besorgten Eltern wissen schon, dass er am Abend jammernd auf seinem Bauch herumdrücken und vor Übelkeit immer quengeliger wird. Sie sagen also *Nein*. Unterstellen wir, sie tun es so, wie ich es eben empfohlen habe. Das Nein ist also keine Katastrophe, aber eine Enttäuschung ist es immer noch. Doch es gibt Rangfolgen von Wichtigkeiten, das gilt auch für Kinder. Eine »belgische Waffel«, mit Nutella beschmiert, wäre schon ein echtes Vergnügen gewesen. Aber wenn Papa jetzt auf ein Riesenrad deutet und sagt: »*Schau mal, wie hoch das geht, ganz weit oben.*« Und wenn er den Mut hat (ich hätte ihn nicht!) sich mit dem Kleinen auch noch in solch einen schaukeligen Waggon zu packen und sich ganz hochtragen lässt, ganz weit oberhalb des Rummelplatzes, ganz weit hoch über die Stadt und dann schauen sie runter und er sagt: »*Guck mal da unten, die Bude mit den Waffeln, wie klein die ist*«, und der Kleine begreift: Nein, andere Dinge sind so viel wichtiger, es ist alles so viel größer, es ist gewaltiger, und er schmiegt sich an Papa, weil doch all das Gewaltige ohne Papas Schutz gar nicht zu ertragen wäre. *Dann ist aus dem »Nein« etwas Besonderes geworden, eine Einsicht. Ich scheue keine Sekunde, sie eine philosophische zu nennen.*

»Ein Plädoyer gegen die Gehorsamkeitspädagogik«
Gehirn und Geist

Bei aller Notwendigkeit von Disziplin und Gehorsam: Wo Angst ist, können weder Klugheit noch Kreativität entstehen.

Wolfgang Bergmann plädiert für eine Disziplin des Mitgefühls, die auf die Liebe baut, auf Vertrauen und eine innige Beziehung zwischen Eltern und Kind. Der bekannte Kinder- und Familientherapeut zeigt Wege in eine Erziehung, deren Fundament die Freude am Kind und die Einsicht in seine Verletzbarkeit ist.

»*Ein Kind, das nicht aus Vertrauen und Liebe gehorcht, sondern aus Angst, wendet sich innerlich von den Eltern ab. Vielleicht nur kurz, vielleicht für sehr, sehr lange.*« Wolfgang Bergmann

»*Mit zahlreichen Beispielen aus Bergmanns Arbeit als Kinderpsychologe und seinen Erfahrungen als Familienvater ist dieser Ratgeber sehr praktisch orientiert.*« Hannoversche Allgemeine Zeitung

Wolfgang Bergmann
Disziplin ohne Angst
Wie wir den Respekt unserer Kinder gewinnen und ihr Vertrauen nicht verlieren
Gebunden mit Schutzumschlag, 184 Seiten
ISBN 978-3-407-85898-6